瑜伽文库
YOGA LIBRARY

正念 · 解读

瑜伽文库
YOGA LIBRARY

正念·解读

Philosophy of Yoga

# 瑜伽哲学

王志成／著

四川人民出版社

图书在版编目（CIP）数据

瑜伽哲学 / 王志成著. -- 成都：四川人民出版社，
2023.9
（瑜伽文库）
ISBN 978-7-220-13405-0

Ⅰ.①瑜… Ⅱ.①王… Ⅲ.①瑜伽派—哲学思想
Ⅳ.①B351

中国国家版本馆CIP数据核字（2023）第149001号

YUJIA ZHEXUE

# 瑜伽哲学

王志成　著

| | |
|---|---|
| 出 版 人 | 黄立新 |
| 责任编辑 | 何朝霞　孙　茜 |
| 封面设计 | 李其飞 |
| 版式设计 | 戴雨虹 |
| 责任印制 | 周　奇 |
| 出版发行 | 四川人民出版社（成都三色路238号） |
| 网　　址 | http://www.scpph.com |
| E-mail | scrmcbs@sina.com |
| 新浪微博 | @四川人民出版社 |
| 微信公众号 | 四川人民出版社 |
| 发行部业务电话 | （028）86361653　86361656 |
| 防盗版举报电话 | （028）86361653 |
| 照　　排 | 四川胜翔数码印务设计有限公司 |
| 印　　刷 | 成都蜀通印务有限责任公司 |
| 成品尺寸 | 146mm×208mm |
| 印　　张 | 9.25 |
| 字　　数 | 170千 |
| 版　　次 | 2023年9月第1版 |
| 印　　次 | 2023年9月第1次印刷 |
| 书　　号 | ISBN 978-7-220-13405-0 |
| 定　　价 | 52.00元 |

本书成果系国家社科基金项目：

"印度哲学核心经典《梵经》研究"

项目批准号：19VJX002

# "瑜伽文库"总序

　　古人云：观乎天文，以察时变；观乎人文，以化成天下。人之为人，要旨即在切入此间天人之化机，助成参赞化育之奇功。在恒道中悟变道，在变道中参常则，"人"与"天"相资为用，时时损益且鼎革之。此诚"文化"演变之大义。

　　中华文明源远流长，含摄深广，在悠悠之历史长河中，不断摄入其他文明的诸多资源，并将其融会贯通，从而返本开新、发闳扬光。古有印度佛教文明传入，并实现了中国化，成为中华文明之整体的一个有机部分。近代以降，西学东渐，一俟传入，也同样熔铸为中华文明之一部，唯其过程尚在持续之中。尤其是20世纪初，马克思主义传入中国，并迅速实现中国化，推动了中国社会的巨大变革……

　　任何一种文化的传入，最基础的工作都是该文化的经典文本的传入。因为不同的文化往往基于不同的语言，故文本的传入就意味着文本的翻译。没有文本的翻译，文化的传入就难以为继，无法真正兑现为精神之力。佛教在中国扎根，需要很多因缘，而持续近千年的佛经翻译无疑具有特别重要的意义。没有佛经的翻译，佛教在中国的传播几乎不可想象。

随着中国经济、文化的发展，随着中国全面参与到人类共同体之中，中国越来越需要了解其他文化，需要一种与时俱进的文化心量与文化态度——一种开放的，并同时具有历史、现实、未来三个面向的态度。

公元前8世纪至公元前2世纪，在地球不同区域都出现过人类智慧的大爆发，这一时期通常被称为"轴心时代"（Axial Age）。这一时期形成的文明影响了之后人类社会2000余年，并继续影响着我们生活的方方面面。随着人文主义、新技术的发展，随着全球化的推进，人们开始意识到我们正进入"第二轴心时代"。但对于我们是否已经完全进入这样一个新的时代，学者们尚持不同的观点。英国著名思想家凯伦·阿姆斯特朗（Karen Armstrong）认为，我们正进入第二轴心时代，但我们还没有形成第二轴心时代的价值观，我们还依赖着第一轴心时代的精神遗产。全球化给我们带来诸多便利，但也带来很多矛盾和张力，甚至冲突。这些冲突一时难以化解。因此，我们须要在新的历史境遇下重新审视轴心文明丰富的精神遗产。此一行动，必是富有意义的，也是刻不容缓的。

我们深信：第一，中国的轴心文明，是地球上曾经出现的全球范围的轴心文明的一个有机组成部分；第二，历史上的轴心文明相对独立，缺乏足够的互动与交融；第三，在全球化背景下不同文明之间的互动与融合必会加强和加深；第四，第二轴心时代文明不可能凭空出现，须以历史的继承和发展为前提。诸文明的互动和交融是发展的动力，而发展的结果将构成第二轴心时代文明的重要资源与有机组成部分。

简言之，由于我们尚处在第二轴心文明的萌发期和创造期，一切都还显得幽暗和不确定。我们应该主动地为新文明的发展提供自己的劳作，贡献自己的理解。考虑到我们自身的特点，我们认为，极有必要继续引进和吸收印度正统的瑜伽文化和吠檀多典籍，并努力使之与中国固有的传统文化及尚在涌动之中的中国当代文化互勘互鉴乃至接轨，努力让古老的印度文化服务于中国当代的新文化建设，并最终服务于人类第二轴心时代文明之发展。此所谓"同归而殊途，一致而百虑"。基于这样朴素的认识，我们希望在这些方面做一些翻译、注释和研究工作，出版瑜伽文化和吠檀多典籍就是其中的一部分。这就是我们组织出版这套"瑜伽文库"的初衷。

由于历史与个体经验皆有不足，我们只能在实践中不断累积行动智慧，慢慢推进这项工作。所以，我们希望得到社会各界和各方朋友的支持，并期待与各界朋友有不同形式的合作与互动。

"瑜伽文库"编委会

2013年5月

# "瑜伽文库"再序

    经过多年努力，"瑜伽文库"已粗具体系化规模，涵盖了瑜伽文化、瑜伽哲学、瑜伽心理、瑜伽实践、瑜伽疗愈、阿育吠陀瑜伽乃至瑜伽故事等，既包含古老的原初瑜伽经典，又包含古老瑜伽智慧的当代阐释和演绎。瑜伽，这一生命管理术，正滋养着当下的瑜伽人。

    时间如梭，一切仿佛昨日，然一切又有大不同。自有"瑜伽文库"起，十余年来，无论是个人，还是环境、社会，抑或整个世界，都经历了而且正在经历着深刻且影响深远的变化。在这个进程中，压力是人们普遍的感受。压力来自个人，来自家庭，来自社会。伴随着压力的，是无措、无力、无奈，是被巨大的不确定性包裹着的透支的身体和孤悬浮寄的灵魂。

    不确定性，是我们这个世界的普遍特征，而我们却总渴望着确定性。在这尘世间，种种能量所建构起来的一切，都是变动不居的。一切的名相都是暂时的、有限的。我们须要适应不确定性。与不确定性为友，是我们唯一的处世之道。

期盼，是我们每个人的自然心理。我们期盼身体康健、工作稳定、家庭和睦，期盼良善地安身立命，期盼世界和平。

责任，是我们每个人都须要面对、须要承担的。责任就是我们的存在感：责任越大，存在感越强；逃避责任或害怕责任，则让我们的存在感萎缩。我们须要直面自身在世上的存在，勇敢地承担我们的责任。

自由，是我们每个人真正渴望的。我们追求自由——从最简单的身体自由，到日常生活中的种种功能性自由，到内心获得安住的终极存在的自由。自由即无限，自由即永恒。

身份，是我们每个人都期望确定的。我们的心在哪里，我们的身份就在哪里。心在流动，身份在转变。我们渴望恒久的身份，为的是尘世中的安宁。

人是生成的。每个个体好了，社会才会好，世界才会好。个体要想好，身心安宁是前提。身心安宁，首先需要一个健康的身体。身体是我们在这世上存在的唯一载体，唯有它让我们生活的种种可能性得以实现。

身心安宁，意味着有抗压的心理能量，有和压力共处的能力，有面对不确定的勇气和胆识，有对自身、对未来、对世界的期盼，有对生活的真正信心、对宇宙的真正信心、对人之为人的真正信心。有了安宁的身心，才能履行我们的责任——不仅是个体的责任，还有家庭的责任、社会的责任、自然和世界的责任。我们要有一种宇宙性的信心来承担我们的责任。在一切的流动、流变中，"瑜伽文库"带来的信息，可以为承担这种种的责任提供深度的根基和勇气，以及实践的尊严。

"瑜伽文库"有其自身的愿景，希望为中国文化做出时代性的持续贡献。"瑜伽文库"探索生命的意义，提供生命实践的路径，奠定生命自由的基石，许诺生命圆满的可能。"瑜伽文库"敬畏文本，敬畏语言，敬畏思想，敬畏精神。在人类从后轴心时代转向新轴心时代的伟大进程中，"瑜伽文库"为人的身心安宁和精神成长提供帮助。

人是永恒的主题。"瑜伽文库"并不脱离或者试图摆脱人的身份。人是什么？在宏阔的大地上，在无限的宇宙中，人的处境是什么？"瑜伽文库"又不仅仅是身份的信息。透过她的智慧原音，我们坦然接受人的身份，却又自豪并勇敢地超越人的身份。我们立足大地，我们又不只属于大地；我们是宇宙的，我们又是超越宇宙的。

时代在变迁，生命在成长。走出当下困境的关键，不在于选择，而在于参与，在于主动地担当。在这个特别的时代，我们见证一切的发生，参与世界的永恒游戏。

人的经验是生动活泼的。存在浮现，进入生命，开创奋斗，达成丰富，获得成熟，登上顶峰，承受时间，生命圆满——于这一切之中领略存在的不可思议和无限可能。

"瑜伽文库"书写的是活泼泼的人。愿你打开窗！愿你见证！愿你奉献热情！愿你喜乐！愿你丰富而真诚的经验成就你！

"瑜伽文库"编委会

2020年7月

# 前　序

### 关于瑜伽哲学的一个历程

20多年前，我完成了《神圣的渴望——一种宗教哲学》[①]这部著作，相信自己已经完成了哲学的思考，不用再专门另写一部哲学作品了。这样的理解体现了那时我对哲学的感受，表达了我对哲学形态的感知。我试图为我一生的精神世界提供一种"确定性安排"。20多年中，我出版了许多其他类型的作品，但没有再建构某一个哲学系统，重点针对尘世中的具体问题提出我自己的考察和理解。

应该指出，那时，我主要从事西方哲学、宗教，尤其是宗教哲学和神学的研究，花费了大量时间思考那些西方学界思考的问题。我的学术性格是考察、反思和重建，对很多问题试图做出

---

[①] 《神圣的渴望——一种宗教哲学》，2000年由江苏人民出版社出版。其中的第五章，是由合作者思竹撰写的。2005年我做了修订，独立重写了第五章，并以《全球宗教哲学》之名在宗教文化出版社出版。

自己的独立思考，提出自己的独立见解。记得大学时，经常和同学外出爬山、散步，在爬山、散步时，总是争论一些问题，也可以说，无所不争。我们几乎在任何一个问题上都没有达成过一致，谁也反驳不了谁。这种争论、这种反驳的"锻炼"对我的影响极深，使我在后来的研究中对什么问题都要提出所谓自己的看法。

我生性好奇，阅读的书真心不少，思考很多问题，并尝试把它们写下来，通过若干方式来"显化"我的思想。第一种是翻译。我对那些独立思考的思想家比较有好感，对他们的作品有一种翻译冲动，觉得好作品就需要翻译出来。例如，翻译或合作翻译约翰·希克（John Hick）的7部作品、保罗·尼特（Paul F. Knitter）的3部作品、学贯东西方思想的雷蒙·潘尼卡（Raimon Panikkar）重要的5部作品、乔治·林贝克（George Lindbeck）的1部作品，还有后现代思想家唐·库比特（Don Cupitt）的16部作品。通过一个字一个字地翻译，我的思维似乎进入他们的思维，感受到他们所感受的，反思到他们所反思的，并且做出一种非常系统的思想解释。这些知名学者讨论的若干重要问题，扩展了我的思维视野，提升了我的学术认知。学术的翻译是一种非常独特的思想"显化"。这种"显化"，把我能够理解的思想"显化"了，同时也"显化"了很多我尚未知道的内容。第二种是注释。在一些经典作品的翻译过程中我发现，虽然原著篇幅有限，但这些"小册子"的思想很重要，我就在翻译过程中加以注释。在注释中，跟着经典一起思考，演绎出我个人的理解，表达出我个人一些新的想法。这可理解为是"六经注我"。第三种是著述。我已经出版的不少作品都属于著述类，大多是学术类的，还有散文类的，甚至还有一本诗歌集。通过这些著述，把我个人独立的思考表达出来。通过这些作品，读者可以更加深入地了解我的思想。

然而，人的思想，在某个时候达到的高度，并不是他一辈子只能达到的天花板。我们完全可以冲破天花板，达至更高的地方。人的思想认识就是这样。某个时期、某个境界所说的话是对的，这个"对"是针对当时的处境和认知状态来说的，这也是存在前后时期的矛盾和差异的一个原因。人不可能始终活在某个一致性中。二十多岁、三十多岁的时候形成了自己看待这个世界的认知方式，并不能保证以后就一直如此。随着时间推移，我们有了新的人生阅历，面对新的生活图景，忍受了生活的特殊苦难，或者获得高人的教育或指点，进入新的社会变化期，甚至碰到某个无缘的恩典，等等，都完全可能迭代我们原有的认知模式。在某种程度上，这就是我自己的体会和经验。

我出身贫寒，早年没有好好学习，也没有遇到很适合的老师，学习成绩一直不是很好。我很用功，但多是无用功。不过，有一点似乎是对的，当大家智商都差不多、都不那么用功的时候，那个愿意花费笨功夫的人会多占一点机会。可以说，赶上若干个机会，人生就比较容易幸运地跃迁。思想的道路也有点类似。我在不同的书籍中找到自己需要的信息或能理解的信息，并在这个基础上不断地反思和对比，这让我的思想得到了快速累积。当然，累积并不一定带来创新。但因为这样不断积累的过程，让我有机会获得一点创新。

一个偶然原因，英国朋友韩德（Alan Hunter）教授邀我翻译我那时还不太熟悉的领域的作品，即辨喜（Swami Vivekananda，又翻译为维维卡南达）的《瑜伽之路》以及斯瓦米·帕拉伯瓦南达（Swami Prabhavananda）和克里斯托弗·伊舍伍德（Christopher Isherwood）合著的《现在开始讲解瑜伽：〈瑜伽经〉及其权威阐释》。以前熟悉的基本上是西方的思想和中国的传统思想，对于印度思想——诸如瑜伽、数论、吠檀多等都还不太熟悉。然而，我居然神奇地答应了韩德教授的请求，接手翻译了这两本书。通过这两本书的翻译，我对瑜伽哲学有了进一步的了解，并且我意识到瑜伽这个领域非常重要。由于有机会继续翻译《冥想的力量》《室利·罗摩克里希那言行录》等作品，所以我对吠檀多哲学也有了更多的认识。

机缘巧合，我到英国伯明翰大学访学。其间，韩德教授带我去了一个属于罗摩克里希那传统的吠檀多中心（修道院）。我在这个中心住了十天。这十天里，我如饥似渴，阅读了大量关于吠檀多哲学的作品——古典的吠檀多，当代的吠檀多，等等。古典的吠檀多作品，我认真研究了斯瓦米·尼哈拉南达（Swami Nikhilananda）对商羯罗（Sankaracharya）大师《自我知识》一书的翻译和注释。正是通过这本书中的长篇导论，我真正感受到了吠檀多哲学的魅力。那时，我也阅读了斯瓦米·尼哈拉南达翻译并注释的《奥义书》（四卷）的一部分。当代的吠檀多作品，则重点阅读了尼萨格达塔·马哈拉吉（Nisargadatta Maharaj）的《我就是那》。当时，我用相机拍摄了这部厚厚的书，结果因为拍摄太多相机发热而坏掉了。另外，不知道是何原因，返回伯明翰大学时发现了很多白头发。我找不到直接原因，就把白发都一根一根拔掉。后来没有再出现白发突然增多的现象。

回到伯明翰大学后，我就有了一种冲动和激情，想要马上翻译和注释吠檀多哲学作品，我翻译了大瑜伽士、最著名的吠檀多哲学集大成者商羯罗的《自我知识》。这部经典的经文只有68小节，篇幅很小。我就尝试用自己的语言就吠檀多思想做一梳理。最终，我出版了《智慧瑜伽——商羯罗的〈自我知识〉》这本浓缩了吠檀多哲学思想的著作。

受到瑜伽哲学和吠檀多哲学的滋养，我的内心显然发生了认知上的突变，有了极大的冲动要去突破原有的哲学认知，即体现在我原来的《全球宗教哲学》中的认知。学术早期，我的思想受到约翰·希克（John Harwood Hick）、保罗·尼特（Paul

Knitter）、雷蒙·潘尼卡（Raimon Panikkar）、乔治·林贝克
（Gorge Lindbeck）、唐·库比特等人的影响，基本上在他们的思
想基础上形成了我的宗教哲学体系。深入瑜伽和吠檀多哲学领域
后，我的思想认识发生了变化，不再局限在原有的认知框架中。

之后的一些年，我继续或翻译或注释吠檀多哲学典籍，相
继独立或合作出版了《至上瑜伽——瓦希斯塔瑜伽》、《瑜伽喜
乐之光——〈潘查达西〉之"喜乐篇"》、《直抵瑜伽圣境——
〈八曲仙人之歌〉义疏》（新版改名为《觉知真我的旅程：〈八
曲仙人之歌〉精解》）、《九种奥义书》（新版改名为《奥义
书》）、《智慧瑜伽之光：商羯罗的〈分辨宝鬘〉》等。我的思
想是否已经实现了认知上的转变？应该还没有。我注意到，伟大
的哲学家、瑜伽士商羯罗活了32岁，辨喜活了39岁，还有一些吠
檀多大师，都不长寿。我在想：走上智慧瑜伽之路的瑜伽士是否
容易短寿？因为智慧瑜伽之路非常难走。但对此，我没有深入反
思。只是在这个进程中，我有个学生走向了智慧瑜伽之路，她不
远万里飞到杭州，拜我为师。然而因种种原因，她年纪轻轻就离
开了这个世界。离世前她对身边人说拜我为师是幸运的。我却悲
伤，因为在肉身问题上，我无法为她提供有效的帮助。这样的信
息于我有着强烈的"震撼"。我似乎得到了某种"恩典"，开始
接触阿育吠陀，也注意到很多有效的养生实践，包括中国传统道
家的种种方法。这些传统方法让我的内心充满力量。在较短的时

间内，我连续完成了《阿育吠陀瑜伽》《健康的身体　有趣的灵魂》《调息法70种》这三本书。

至此，我的心深度游走在瑜伽、数论、吠檀多、阿育吠陀之间，并逐渐开始把它们融合起来而非对立起来。这期间，我得感谢戴维·弗劳利（David Frawley）、瓦圣特·拉德（Vasant Lad）、狄帕克·乔普拉（Deepak Chopra）、莎哈拉·罗斯·克塔比（Sahara Rose Ketabi）等人，他们的研究成果启发了我，也帮助了我。在我的理解中，阿育吠陀的思想和瑜伽是不能分离的。这一思想在戴维·弗劳利那里也十分明确。在这一思想指引下，我编著了《阿育吠陀瑜伽》，并通过苏磨教育来推广这样的健康思想和实践。

人，复杂的生命体。人，要通过身体达至身心灵整全的健康。人，需要对这个复杂而精微的身体有一个合理的有效管理。我们不能只看到身体维度（身），或者心意维度（心），或者精神维度（灵）。在思想上，人或许可以认同身心灵的整合和统一，但在实践中很难做到。现实中大多数人说的主要是身体。当然也有人谈论心或灵，但他们又远离身体，很少人把身心灵有机融合起来。

对于我们人来说，身心灵，这三个维度是一个整体，它们的体验和感受是整合性的，难以分离、不能割裂。作为从事传统哲学研究的人，我所从事的哲学研究自然首先关注心灵维度的探索。但自深入研究印度思想始，我就越发觉得哲学不能只停留在"思"的维度上，也该考虑"身"的维度。我希望有一种把身心灵三个维度融合起来的哲学，这一哲学目前在我心中就是"瑜伽哲学"。

在新冠病毒感染肆虐的非常时期，在世界百年未有之大变局的非常时代，在技术主义大流行的非常世代，写本《瑜伽哲学》非常必要。这不仅仅是我对自身过往哲学探索的一个思想迭代，不再只是停留在单纯的哲学思辨上，不再只是关心观念的更新上，也不再只是关心概念系统的一致性，而是关心人，关心人这个整体，关心人的内在维度和外在维度的协同，关心身心灵的统一性。我所从事的瑜伽哲学研究也不再是单纯地梳理资料、提供信息，而是有我自己的理解的新视角，这个视角就是生命管理。

# 目　录

第一篇 **Part One**

# 觉醒的生命

开初，既不是存在，也不是非存在。

——《梨俱吠陀》X'，129

无论是宇宙的初起，还是万物的来源，这世上再没有什么比"人"更复杂的了，也没有什么比"人"更加令人着迷的了。这不仅是因为我们是人，不仅是因为人在时间的长河中经验了种种，更是因为人对其生命中那些最为困难的问题，做出思考回应和搭建思想框架。在当下世界，一种既古老又新鲜的人的经验框架就是瑜伽。

　　瑜伽，一种复杂的经验范式，似乎从未消失过。自2000多年前始发以来，带着无数先人的经验印迹，瑜伽不断为人们所思、所实践。世界正面临着3000年未有之巨变，面对技术主义的狂飙，宇宙中的生命，尤其是人——包含着构成性"不确定"的一个种类，他们再一次觉醒。孔老夫子"天生德于予，桓魋其如予何"积极的生命洞见，也在我们的现代沉思中再一次发出耀眼的光芒。人，他的生命，既要呼应宇宙自然，更要融入尘世人间，还要与那不见的天地之道和谐共融。在这条道路上，人需要自我自觉管理，以期赢得人应有的尊严，在天地间占有一席之位。瑜伽的现代性开放，使得瑜伽哲学在生命管理中得以再一次浮现和重建。

第1章

# 人啊，人

究竟"人"是什么？

人啊，你要警惕。

　　希腊有一个关于狮身人面像的古老神话。这个狮身人面像，叫斯芬克斯，她是巨人堤丰和蛇怪厄喀德娜的女儿，她长着人的头、狮子的身体，还有鸟的翅膀。她擅长出谜，生性残酷。有一天，她遇到了青年俄狄浦斯，她给这位年轻人出了一个谜语："能发出一种声音，早晨用四条腿走路，中午用两条腿走路，晚上却用三条腿走路。这是什么东西？"智慧的俄狄浦斯告诉斯芬克斯，早晨就是人的幼年，婴儿还不会走路，只能用四肢爬行；中午就是成熟健壮的青年；而傍晚则是老年，需要拄拐杖行走。

我们看到，希腊人借用神话把人的一生做了生动形象的描述。但神话毕竟是神话，还并不是对人之生命经验的深度认知。之后众多的哲学学派和其他学科，也从没有停止过对"人是什么"的深入探索。大家一致认为人的生命总有些普遍性特征。如以下一些结论性认知：

第一，人是一种动物。这意味着人和各种各样的其他动物是同一个序列，和其他动物具有共同性，即动物性。从现实看，从后来人类文化的发展看，肯定人的动物性非常必要。忽视人的动物性这一重要层面，我们就会犯错。

第二，人是政治动物。最初这是亚里士多德的哲学观点。从人类建构社群、参与社会生活、介入城邦政治、营造理想未来角度来说，亚里士多德的这一观点非常深刻。宇宙如网，人就如这网上的结，难以解开这结而与宇宙之网分离。

第三，人是理性存在。人作为理性存在，或理性人，这一观点在古希腊就已经形成，一直延续至今，尤其在现代经济领域中，这一理性人假设占据着关键位置。西方哲学史中不同流派对何为理性有不同的看法。唯理论认为，理性是知识的源泉，只有理性才是可靠的。18世纪法国的唯物主义者认为，凡符合人性的就是理性，并试图要建立一个理性王国；而在大哲学家康德那里，理性和知性相对，理性是认识的一个阶段。如今人们普遍认为，理性一般指概念、判断、推理等思维活动，指的是要按照事物发展的规律来解决问题。

　　第四，人是非理性的存在。在现代西方哲学中，非理性主义流传甚广。古希腊酒神精神就代表了人的非理性主义的一面。叔本华宣扬无意识的意志，尼采主张"强力意志"，鼓吹非道德主义，而柏格森则宣扬直觉，现在还在流行的存在主义者们则说"存在先于本质"等等。非理性主义是一股重要思潮。

　　第五，人是符号和文化的动物。人生活在人自己创造的文化中，文化不是纯粹理性的，也不是纯粹非理性的。文化，人自己创造的家园。这和其他类型的动物、和动物性是不同的。然而，不同的文化反过来造就了不同的人。文化也是一种符号系统。卡西尔的著作《人论》提出，人是符号的动物，文化是符号的形式。虽然人是动物，但也已然不同于动物。

　　第六，人是生命系统和意识系统的统一体。从整体角度看，人是一个系统，这个系统主要由生命系统和意识系统构成。作为生命系统，其要素是细胞。在生命生理层次上，人的身体结构与其他生物的身体结构一样，由细胞这个生命的基本单位按一定的方式构成。生命生理系统有着与其结构相适应的功能，新陈代谢、生长发育、遗传、变异和进化、适应、自我调节、复制和选择性反应等。但人是一种特别的存在，人还有强大的意识系统。甚至就是这意识，让我们意识到人是一种不同于动物的存在。现代脑科学告诉我们，人的大脑高度发达，任何其他动物都无法与之相比，甚至有人认为目前人类是大地上唯一拥有发达意识的最高级动物。但是，人的意识又不同于功能性的"脑"。

第七，人是宇宙—神—人共融的存在①。当代思想家潘尼卡就认为，包括人在内的一切存在都是宇宙—神—人的共融。这里，宇宙，最低限度是人的物质性、存在性维度。神，代表了超越的维度、意识的维度。而人代表了喜乐的维度。这三个维度相互联结，不可分离。当我们说到人的维度，必定说到神的维度和存在的维度，它们代表了那个终极本身的三个维度，而人则集中体现了这三个维度。因此，要理解人就需要在存在、意识和喜乐的神秘自觉中理解。人不是孤立的存在。离开人，存在的维度和神的维度就自动坍塌。潘尼卡对人的洞见，为我们在这个时代从更高的维度全面理解人提供了新视域。

第八，人是没有真正定性的存在。我们可以从各个角度去理解我们人自身，生物学、社会学、心理学、语言学、符号学、物理学、哲学、人类学、医学，等等，都给我们理解"人是什么"提供了信息。在公共空间中，通常的印象是，对人的理解应该是一致的、统一的、确定的。但现实告诉我们，对人的定义取决于我们当下或在一定条件下对人的理解视角。并且，一旦我们对人

---

① "宇宙—神—人共融"是哲学家潘尼卡提出的，其中神代表的是神性，超越的维度。

的认识建立了，相应的体验和看法、主张也会固定下来。这种"固定"带来了一种局限——把生命局限在某个赛道上。而如若人（性）不被确定，就意味着对人的理解和成长还有无限的空间和无限的可能性。

第九，人是纯粹意识。以商羯罗为代表的印度吠檀多传统哲学认为，人不是这个由细胞组成的粗糙身体，也不是心意，不是身体能量本身，不是智性本身，也不是感受到的各种快乐。对人的这一认识非常困难。这是因为，我们感觉到的只能是粗糙的身体、心意、能量、智性和具体的快乐。在吠檀多哲学看来，人是纯粹意识，用它的专业术语来说，人就是阿特曼（atman）。这纯粹意识如何独自存在呢？这纯粹意识一直存在，不增不减，它就是存在本身、意识本身和喜乐本身。在那些瑜伽觉醒者看来，这纯粹意识一直如此，从未改变。对于我们普通人，这个从未改变的纯粹意识是不能见、不能说的，我们只能见到具体的现象层的事物。虽然人是纯粹意识，但这纯粹意识在现实世界必须显化，成为可见、可触、可闻、可听的对象。人是这纯粹意识的显化。

第十，根据具体的处境确定人是什么。在不同语境中，我们可以对人是什么提出相应的判断，或者说，我们可在不同层次上对人做出主张。在瑜伽哲学中，我们就可以有多个理解视角来对人是什么提出看法。传统上，瑜伽士关注人的最终极的部分。吠檀多传统的瑜伽士主张，人是纯粹意识，即梵。在商羯罗看来，每一个个体都是吉瓦（jiva，个体自我，个体灵魂），而吉瓦就是阿特曼（真我），阿特曼就是梵（Brahman，纯粹意识）。

基于不同的条件、不同的处境来讨论人是什么，答案是不一样的，或者说，有很多种回答。可以更进一步，每一个答案就如一个导演的剧本，回答的那个人可以是他剧本中的某个角色。每个人都可以是导演，也可以扮演很多角色。或者，反过来，在这个世界上，人在不同处境下，基于各种因缘扮演着不同的生命角色，显示出各种不同的"人是什么"的答案。如此，我们也只能在具体处境中才能看明白"人是什么"。这种生存 / 生命的技艺，意味着人选择他自己的剧本，或被动接受别人写好的剧本，成为他自身行为的"主体"，就如福柯说的，主动或者被动所选择的一种生命形式。

需要注意的是，在某种程度上，我们在谈的只是人表现出来的是什么，而非真正在回答"人是什么"。我们可以说人是动物，人是政治动物，人是理性存在，人是非理性存在，人是符号动物，人是文化动物，人是生命系统和意识系统的统一体，等等。但就瑜伽哲学的理解，就如数论哲学主张的，人是由原人（即纯粹意识）和原质（即自然）构成，而本质上人是原人。这一认识很深刻。吠檀多传统破除了数论哲学的原人—原质二元论，只承认纯粹意识（梵），只承认人本质上是纯粹意识。这里说的人是纯粹意识，可能是对人最终是什么的最好回答。

　　但是，对我们绝大多数人来说，这样一种观点并没有解决问题。就如登山。我们登山是为了爬上山顶，纵览山河景色，但最终我们还是要下山来。向上的山路艰难险阻、危险重重，下山的路也是一样的。每一个对自己的生命剧本负责的人，站在向上、向下之间，"存在性的挣扎"就会浮现而出。我们不得不做出某种选择。人，生活在"面相"上，而非本质中。或者，用瑜伽哲学术语说，人始终是活在摩耶（能量）中的，本质是颠倒的。而当我们这样说的时候，我们会陷入一种困境：我们凭什么说人是颠倒的，而你是在清醒状态？注意，这里我们只是站在某个立场上说话而已。

　　或许你会提出某种"人是什么"的标准。确实，真的有个标准，传统上，这个标准就是"痛苦"。消除生命的痛苦，获得人的快乐，成为一个标准。因为"痛苦"是普遍的，所有人都不想要。但即便是这样一个标准也很难被认可。何为痛苦？何为快乐？这都是个体的体验或经验。不同人有不同经验。因此，我们很难得到一个普遍的关于人的定义。

　　尽管如此艰难，但我们还是需要根据人的实际需求，对"人是什么"提供必要的界定。如果你从事生物学的研究，那你就可以从生物的角度去定义；如果你从事社会学的研究，那你就可以从社会学的角度去定义……如果你从事瑜伽、阿育吠陀或者吠檀多哲学的研究，那你可以从瑜伽、阿育吠陀或者吠檀多的角度去定义。人都是境遇中的。我们应该允许经由境遇、允许境遇引导我们努力写出自己的剧本。

但是，我们需要时刻记得生命本身，警惕陷入"剧本"或者"角色"划定的边界。无论人的境遇是什么，人的本质首先是一种生命。你需要上山，更需要下山。你需要纵览无限的宇宙之美，更需要实践的健康体魄。这两点，是我们瑜伽哲学的出发点。

第2章

# 生命是实践的唯一载体

宇宙无限，生命唯一。

找到生命的金线。

人，会成长和成熟，也终将面临衰败和腐烂。宇宙的风景有着无限的可能，但生命却只是我们的唯一。要拉长剧本，演好精彩的角色，就需要对我们的生命做好瑜伽管理。

天地有大美。宇宙本身就是一个管理系统。广袤的森林、辽阔的草原、浩瀚的沙漠、幽深的海洋，乃至其间的鸟虫鱼兽等等，它们都有其自身的管理系统。人们把这个宇宙性管理系统称为宇宙的"节律"。在瑜伽哲学中，这个节律被称为"rita"，它是宇宙大剧本中的一条金线。这条金线，精微而不可思议，它也可以被称为"道"。老子的《道德经》就是揭示这条宇宙金线管理所做的哲学尝试。这是一种自发性的宇宙管理。

人是宇宙中的一种生命存在。从自发管理的角度看，生命自当遵循其宇宙性的金线节律。但人是独特的。这种独特性就体现在对生命本身的自觉管理进程中。几千年来，人不断努力，寻找秘方，寻求密道，训练身体，驯服心意。他们有的成功，有的失败，有的活得健康但不快乐，有的长寿但毛病不断，有的既健康又长寿还快乐。

管理都是对一个具体对象也即客体的管理。这个客体可以是一个企业，一个组织，一个机构。生命的管理其对象有点复杂，因为它的对象是人。这人，和一般的生命又不同，他具有自我的意识，具有自由的意志。正是这自我的意识和自由的意志，使生命的管理既包含着客观化的自觉管理，又包含着主观化的自觉管理。客观和主观，形成了生命管理内在的两根金线。

客观化的自觉管理，把生命视为一个客体。例如，可以通过不同学科深入了解人体生理心理结构，并根据这些认识来管理自己的生命。这样一种管理就是客观化的自觉管理。但生命同时也是一个主体。如果仅把生命视为一种客体，一切就很容易处理。问题是，生命是有情绪的主体，这个主体有自己的立场、自己的要求、自己的期待、自己的好恶，最关键的是有自我意识和自由意志。管理的主体和管理的客体交融一体。因为生命主体和客体的这种特殊性，生命的管理就和其他对象的管理有了巨大差别。

生命是一座城。在瑜伽哲学经典中，人的生命被看作是一座九门之城：两个眼睛、两个鼻孔、两个耳朵、一张嘴、一个生殖器、一肛门。通过这外在的"九门"和外界发生联结。当然，除了这显在的"九门"，还有很多和外界联系的器官，如皮肤，皮肤是身体最大的器官，每个毛孔都和身体的内外联通。还有肚脐，尽管不是一个活跃的器官（在出生之前，通过脐带从母亲那里获得能量；出生之后，脐带截断，这个能量通道停止使用），但是在瑜伽中，却是重要的脐轮所在核心地。这九座"城门"，首先要进行有效管理。

我们还需要管理"九门"之城的外在环境。人是宇宙之网中的结。这个结联结着我们外部的一切。我们需要管理自我与父母的关系、与兄弟姐妹的关系、与朋友同事的关系，管理一切人与人之间的关系。这也意味着我们需要管理我们个体生命和外在社会环境、组织机构乃至国家之间的关系。这还意味着我们需要管理自我和外在自然如气候、环境的关系，甚至还要管理我们的饮食、运动，等等。在瑜伽哲学中，如何去处理生命和外在自然社会环境的关系是生命管理的重要内容。

我们还需要管理"九门"之城的城内部分。从数论瑜伽来讲，人体由原质构成。用现代生理学术语来说，人体由细胞构成，或者说细胞是构成人体形态结构和功能的基本单位。细胞又构成了组织，组织具有一定特征的形态，执行某种特定的功能，这就是器官。多个功能相关的器官组合起来，一起完成特定的生理功能，就形成了系统，如肌肉系统、骨骼系统、消化系统、呼吸系统、循环系统、泌尿系统、生殖系统、内分泌系统、免疫系统以及神经系统，系统间密切配合，发挥着复杂的生命功能。但是，这些系统会遇到问题，例如出现运动障碍，消化不良，呼吸困难，循环系统问题，等等。换言之，在很大程度上，生命的管理首先就要让已存在的系统保持正常运行。总体上，主要包含下面几个方面：

第一是功能维持，即是为生命系统的自发管理提供必要的保障。每天正常的吃喝，必要的运动，合适的居所休息环境等等。没有外在的保障和维持，人这个生命的自发管理是无法维持的。

第二是康复，即是为调解、恢复生命功能的自发管理所做的努力。如，消化系统出了问题，消化不良，拉肚子，反胃，胃出血，胃癌，从亚健康到严重疾病的各种功能失调现象。这就需要康复的瑜伽实践管理。

第三是强化，即是为突出生命的某种功能或能力，通过强力干预，去强化某个特定系统，如肌肉系统。瑜伽士为了进一步达成身体核心的平衡，需要就肌肉、骨骼等系统进行针对性的强化练习。

无论是维持，还是康复或者强化，总体上都是这座"九门"

之城自觉的主观精细化管理。这种管理必须具有科学性、合理性和实用性，否则会伤及身体原有的功能，而成为生命的障碍。

最终，客观、主观这两条生命内在的金线必须要协作、协调。这是极高明的瑜伽生命管理哲学。由此最终回到生命纯真的状态。

# 第3章

# 瑜伽，现代生命哲学实践

*存在，或不再存在？*

*我们真的站在了十字路口。*

随着哲学、科学、技术的发展，尤其随着互联网等现代通信技术的高度发达，不同的传统、思想、文化的交流变得十分简便和迅速。人们对生命的认识也越来越清晰。理论上说，面对生命的各种"痛苦"，接受生命的自发管理和自觉管理的实践观念并不困难。但现实中，情况并非如此。

信息、潮流和技术快速迭代的当下，人们似乎远离了生命的管理，越来越多的人违背基本的宇宙节奏这根金线。他们颠倒白天和黑夜，吃着垃圾食品和各种补品，被海量的网络信息包围着，而这些信息真假难辨，越来越多的人焦虑，甚至抑郁，他们手机不离手，交感神经和副交感神经的自然节奏受到严重干扰。

与之相反，另有一股生命内在的力量在迅速发展，这是一种整合的力量。世界一次又一次呈现出不确定性、脆弱性、不稳定性。面对各种变化、变异，这一整合的力量要求我们重新思考我们的身份、我们在世上的位置和价值。我们需要对人自身重新有个综合性认识。也许我们很难完全回到天然的那根金线，回到那个自发的生命管理状态，我们也不满足于全然活在后天的那根金线，那个自觉的生命管理状态。自觉的生命管理过于复杂，人们很难达成一致，无法真正生活在合乎先天金线的生命管理法则中。然而，也有迹象表明，后天的生命管理越来越占据上风。作为生命自觉管理的瑜伽，经历了19世纪的重新恢复，尤其是20世纪上半叶以来的复古和创新，在这场重新寻找自身、重新寻求位置的生命运动中，成为全球性哲学实践的生命运动。

这场全球性哲学实践的生命运动与传统神话的跌落有关。哲学家潘尼卡提醒我们，传统的神话已经受到挑战，历史走到了它的"终结"。如果人类不能真正反省，那么人类就会在"生态灾难"和"核灾难"这两大灾难面前走向自我终结。如果我们不能"悔改"，不能发现"第二次纯真"，那么就会在历史的神话中终结我们自己。我们面临真正的自我危机、人的危机、大地的危机以及神圣的危机。如果不想自我终结，就需要一场生命的康德式革命。这意味着我们需要改变我们的传统神话，超越各自文化中的历史神话，走向一种整合的神话。潘尼卡提出的整合性神话就是宇宙—神—人共融的神话。在这一神话中，宇宙维度、神的维度和人的维度缺一不可。离开宇宙维度，神的维度和人的维度都不能成立。潘尼卡的这宇宙—神—人共融的神话是吠陀瑜伽经验的重新发现。

我们也可以说得具体一些，宇宙维度可以理解为大地维度。如果我们不能呵护好大地母亲，不能真正保护好我们的地球，地球迟早会不适合我们生命，神的维度和人的维度也就崩溃了。任何一个维度的危机或崩溃，都意味着其他维度的危机或崩溃。面临当下三千年未有之变局，我们更加需要清醒地意识到，当今世界的危机比历史上任何时期都要复杂和巨大。

毫无疑问，在宇宙—神—人的三元结构中，变动性最大的维度是"人"。宇宙的节奏，那根宇宙的金线一直就在那里。但随着人这一维度不断被提高，宇宙自发性生命管理的神秘节奏被打破，一切都陷入"人为的不稳定的节奏"中——要说历史的终结，也主要是从人的生命维度的崩溃这一关键点出发才能获得真正的理解。基于这样的理解，我们认为，生命管理正从自发性的生命管理转向基于自觉性的生命管理。

然而，又如何在这个消费和技术盛行的时代建立一种合适的自觉生命管理呢？

首先，我们需要整体上意识到人类所面临的危机，这个危机是历史上任何时候都没有过的。我们要重新认识我们人自身，认识我们如何在这个时代摆脱束缚和限制。有人主张改造我们的身体，植入智能的芯片，使纯粹的人成为人—机的合成人。有人主张寻找地球外的家园，人类到火星、到太空去生存发展。本质上，我们人类所面临的问题是因为我们的生命载体，即这具躯体所带来的局限。人类从未放弃对无限的向往和追求。

其次，立足当下，走对话之路，在当今人类的智慧基础上达成共识。就如《联合国宪章》的宗旨，作为人类命运共同体，共同为人类难题提供协调的解决方案。这个方案，主要立足人的维度，即通过改变人的维度来重新协调和处理宇宙—神—人之间的关系。宇宙维度、大地维度、地球维度，往往并不依赖大地本身，而取决于人的维度。问题的解决，需要首先找到问题的原因，才能从根上解决。在较长的历史时间里，宇宙—神—人共融的关系中所遇到的问题，我们认为主要还是人的维度。于是自觉的生命管理，重点自然落在人的自我改变上。

正是这样的背景，瑜伽哲学主张的生命管理就需要走向一个新时代。改变人就是改变世界，处理好生命就是处理好宇宙—神—人的三元关系。人的私我（我慢）无限制向外扩展的时代，需要收敛和转向，需要转向人的内在。我们真的已经来到十字路口，人类面临的问题真的是"存在或不再存在"？本书后面的章节，讨论的核心都是基于人这一维度，通过复古创新的瑜伽，再一次认识人这一维度，调整人这一维度，使得我们更好地探寻这世界的奥秘。

第二篇 Part Two

潜在的实现

瑜伽是开放的，
就如生命的自我是开放的一样。

毫无疑问，人，作为天地宇宙间的一极，需要履行其自身的宇宙性责任。履行这一责任，从他生命的自我管理出发。

　　我们已经在第一篇中谈论了生命自觉管理的必要性。在第二篇，我们要落实具体的生命管理瑜伽哲学实践。总体上说，生命管理实践有两个维度：水平维度和垂直维度。水平维度，主要是人的生命能够更好地扩张，人的身心维度获得疗愈、维持和增强。垂直维度就是生命质量的提升，用脉轮术语来说，就是要让生命的能量从海底轮升到顶轮，能量从左右两脉进入中脉，达至三摩地境界。在生命管理的实践中，要有指导、有管理者。从瑜伽哲学的角度，一般来说，最高级的管理者是自在天，次一级的管理者是瑜伽成就者，三级管理者是经典和书籍，四级管理者是各种合格的瑜伽教练，五级管理者是自我管理者。

　　瑜伽实践的经验很难传达，但众多的瑜伽士和典籍讲述了这些实践的丰富经验。只要我们开始进入经验的瑜伽运动场上，就自觉进入了生命的管理，而这样的瑜伽经验实践过程是不可逆的。凡行实践，必有收获。这是瑜伽哲学的一般规定和基本经验。

第4章

# 自在天的顶级潜能

爱上自在天，

收获他的一切潜能。

对于人和宇宙来说，最高的范畴始终决定着生命自觉的自我管理之道的方向。在吠檀多不二论瑜伽传统中，最高的范畴是梵。

与老子的道家之道颇为类似，梵也表现为两种形态：一是无德之梵（Nirguna Brahman），二是有德之梵（Saguna Brahman）。无德之梵就是没有属性的梵，不可言说。不过，这不可言说的梵，圣人们却用存在、意识和喜乐这样正面的词来描述。某种意义上说，这个存在、意识和喜乐当然不能表述梵本身，只能强说它是"存在、意识和喜乐"。有德之梵就是有属性的梵。有的吠檀多思想家认为，存在、意识和喜乐的属性应该归于有德之梵，而非无德之梵。我们无须就此展开争论，我们可采取一种中庸／中道的态度，即无德之梵超越一切，但我们也和这无德之梵接触，且说接触到的无德之梵表现出有德之梵的属性／样子。这梵，就是存在、意识和喜乐。

瑜伽哲学认为，有德之梵本质上是梵和摩耶（Maya）结合的结果。商羯罗说，这个摩耶没有本质。但也有另一个说法，摩耶是梵的能量。梵通过摩耶显现，或者说摩耶是梵用作创造的能量，也就是说，梵从摩耶中创造宇宙及其对象。梵和世界的关系就如蜘蛛和蜘蛛网，宇宙就是蛛网。不过，蜘蛛随时可以收回它的蛛网。这是一个喻相。

有德之梵也被视为自在天。关于自在天，重要的《泰帝利耶奥义书》说，"这些众生从它那里产生；产生后，依靠它生活；后又返回它，进入它。这就是有德之梵。"[①]有德之梵从事创造、维系和毁灭的活动，这三种活动分别通过梵天、毗湿奴和希瓦表达。梵天、毗湿奴和希瓦这三个大神，也分别代表了摩耶的三种属性，即萨埵（sattva，善良）、罗阇（rajas，激情）和答磨（tamas，愚昧）。

这个自在天可成为崇拜的对象。据说，瑜伽士通过崇拜而认识

---

① 译文有修改，参见黄宝生译：《奥义书》，北京：商务印书馆，2010年，第244页。

自在天。那些知者通过心注一处，透过精微的智性而认识自在天。据说，平静之人，一旦渴望不朽，闭上眼睛就能看到内在的自我。《奥义书》对这个有德之梵（自在天）有很多描述：无手能抓，无脚能快行，无眼能观看，无耳能谛听，他知道一切，而无人知道他，人们称他为伟大的第一人（自在天）。[①]这个不生而伟大的自我（自在天），在生命气息中，由意识构成。它躺在心中的空间，控制一切，主宰一切，成为一切之主。它不因善业而变大，也不因恶业而变小。它是一切的支配者。它是众生的统治者。它是众生的保护者。它是堤坝，维持这个世界不破裂。[②]这个有德之梵有很多名字，如希瓦、毗湿奴、梵天等，而在《奥义书》中被称为摩诃之主、伊沙、自在天。它们的意思是"主"。

从吠檀多的角度看，自在天就是有德之梵，具有如下特征：一，自在天是全能的，是宇宙的主宰。二，自在天是一切力量的源头。所有被造的对象，全能的摩耶都在它的控制之下。三，它也能引起巨大的恐慌，因为它是一切力量的源头。四，自在天是内在的控制者。或者，我们也可以说，自在天就是宇宙的那根节律金线，同时它也是人的生命内在的那根节律金线。

---

① 译文有修改，参见黄宝生译：《奥义书》，北京：商务印书馆，2010年，第322页。

② 译文有修改，参见黄宝生译：《奥义书》，北京：商务印书馆，2010年，第90页。

作为个体的自我（jiva）本质上是梵，就是纯粹的自我。但这个自我被无明（avidya）遮蔽，这遮蔽重重叠叠，以至于不能认识自己的真实身份，迷失在因果相续中。从吠檀多的瑜伽立场看，个体自我要达成瑜伽的最终目标，就是要发现这个无明的真相，发现隐藏在无明之后自己的真实身份。如何能达到这一目标呢？我们可以找到种种瑜伽方式来达成目标。而在这个实践过程中，需要有导师的指导。

最高的导师被视为梵本身。但梵本身没有属性，所以不能成为具化的导师。这就需要有属性的梵也就是有德之梵来做导师。这有德之梵就是自在天。自在天可以成为人消除无明、达到圆满的导师。自在天是最终的导师，再没有比之更高、更根本的导师。这位导师就是梵，他是一切的创造者、维系者和摧毁者。

自在天和人的关系有多种多样。

自在天可以成为人们向往的对象，是一个真正的对标者。每个人、每个个体都是局限的，受制于三德的限制。通过向这个自在天学习，并服务于这个自在天，让自己达至完美。这种瑜伽就是虔信瑜伽，又称作爱的瑜伽。通过真正地爱自在天，获得个体生命的圆满。自在天可以给人以恩典。虔信自在天，在人的私我（我慢）没有消除时，自在天的恩典之光会照耀个体，穿越原有的无明之障碍，让个体窥探到那绚烂夺目的自在天之光。恩典是个体自我在尘世领受崇高荣耀的特别方式。或许我们从科学的角度看这样的爱和恩典，可以理解为人在潜意识层面在某个时刻和意识层面之间出现了一条直接的通道，潜意识中的无限智慧、无限的喜乐、无限的可能，打开了通道。如何获得恩典？据说这是奥秘，几乎不能做逻辑的解释。

自在天和人之间的距离，客观上让自在天作为导师的身份变得疏远。大多数时候，人们很难直接体验到自在天的临在。只有修持到非常高的境界——私我基本上不再会干扰他的生活，这个时候，才可能和自在天有一种更加真实的共在感。人们可能口头上说以自在天为师，接受自在天的指导，但事实上这是不太可能的。这位导师往往只是一个崇拜或爱的对象，他对我们的瑜伽指导多停留在抽象的层面或教条的层面。

以上，属于吠檀多的瑜伽传统。现在再来看看帕坦伽利《瑜伽经》中所谈论的自在天。

关于自在天，帕坦伽利说，"通过虔信自在天也能达到三摩地。"（1:23）[①]这节经文告诉我们，虔信自在天是一条通往瑜伽目标的道路。但这个自在天如何理解？有一种看法认为，这个自在天类似于"上帝"，包含了一种"恩典论"。但拉斐尔（Raphael）认为，恩典论的思想超越了帕坦伽利所持有的数论哲

---

① 帕坦伽利著，王志成译注：《〈瑜伽经〉直译精解》，成都：四川人民出版社，2019年，第45页。

学。①还有一种折中的观点认为，这是出于帕坦伽利的慈悲，迁就了普通人的需求，提供了有神论意义上的恩典论，因为人们更容易从有形的神那里获得安慰和依靠。

在帕坦伽利这里，自在天具体指的是什么？帕坦伽利说："自在天是一个特殊的原人，不受烦恼、业、业果、储存之业的影响。"（1:24）②这里，帕坦伽利所说的原人和上面吠檀多瑜伽哲学所说的原人是不是同一的？很多人会说，既然都是原人，当然是一样的。但我们要说的是，吠檀多瑜伽哲学中所说的原人和数论瑜伽即帕坦伽利《瑜伽经》中所说的原人是不一样的。在吠檀多瑜伽哲学中，原人具有至高的地位，是有德之梵本身，是梵和摩耶的结合。在数论瑜伽中，原人和原质是各自独立的，并且原人不是只有一个，而是有无数个，也就是说，有无数自在天。而在吠檀多中，最初的原人只有一个，就是自在天。我们不能把数论瑜伽中的自在天等同于吠檀多瑜伽中的原人（自在天）。

帕坦伽利说，"在自在天那里，全知的种子是无法超越的。"（1:25）③自在天是全知的。从本质上说，我们也是全知

---

①　Raphael, *The Regeal Way to Realization*, New York: Aurea Vidya, 2012, p.35.

②　帕坦伽利著，王志成译注：《〈瑜伽经〉直译精解》，成都：四川人民出版社，2019年，第47页。

③　帕坦伽利著，王志成译注：《〈瑜伽经〉直译精解》，成都：四川人民出版社，2019年，第48页。

的，因为我们也是原人，也是自在天。这里需要揭开一个秘密：在数论瑜伽中，原人和原质是分离状态的，原人不是原质，原质不是原人。自在天是一个特别的原人。这里的自在天，特别之处是什么？自在天包含了原质，同时控制了原质，原质不会对原人有任何的"限制"。正因为不会有任何"限制"，所以被视为"特殊的原人"。这里，数论瑜伽中的自在天不是唯一的，而是众多的，人们可以以这个自在天为榜样，为标杆。

如果以帕坦伽利的数论瑜伽为依据，个体和自在天的关系，就可以处理为人和超级厉害的导师一样的关系。这个导师和我们个体之人有着共同的地方，即我们本质上都是原人。区别在于，自在天这个特殊的原人是不受原质也就是不受三德的具体限制，而我们则被困在了原质中，并不自由。从潜能上说，我们也是自在天，但实际上我们还不是。只有克服了原质的限制，我们才能实现帕坦伽利所说的自在天的同一性。

知道了帕坦伽利所说的个体和自在天之间的区别，也就知道了如何成为自在天。帕坦伽利说，顺从自在天。通过顺从自在天，全然地投入自在天之中，我们就有可能达至圆满之境。这个圆满之境就是我们个体不断消除原质（三德）的束缚和遮蔽的过程之后所达到的境地。

帕坦伽利说："表达自在天的词是唵（Om）。"[1]他还说："常念此词，并冥想它的意义。"（1:28）[2]帕坦伽利提出人可以理解自在天的象征，这个声音或者符号的象征，人人可以接近，那就是大家普遍熟悉的唵（Om）一词。帕坦伽利也告诉人们如何有效地顺从自在天，从而达至三摩地之境，那就是常常念诵唵曼陀罗，并冥想唵的意义。

至此，我们可以理解，自在天作为最高一级的管理导师至关重要。无论是对于修习吠檀多瑜伽传统的瑜伽人，还是学习帕坦伽利瑜伽传统的瑜伽人，都可以采取落地的实践策略，"显化"自在天，让他更加具化，从而可以通过爱、信任、顺从或者专注、冥想符号化的自在天，来净化自我，达至圆满。

当然，需要注意的是，这里的爱或者信任、顺从，并不是毫无原则的被动之爱和信任，更不是无原则的屈从、顺服，而是在理解了各个"自在天"所表征的宇宙和生命节律这根金线的基础上，对生命自身的热爱和信任，就如并不是因为琵琶可爱而我们爱之，而是因为弹奏琵琶之人弹出的琵琶声可爱而爱之一样。

---

① 帕坦伽利著，王志成译注：《〈瑜伽经〉直译精解》，成都：四川人民出版社，2019年，第51页。

② 帕坦伽利著，王志成译注：《〈瑜伽经〉直译精解》，成都：四川人民出版社，2019年，第55页。

第5章

# 向瑜伽成就者靠拢

生命和宇宙的金线相应，

世俗与神圣不二。

通过瑜伽进行生命自觉的管理实践，其成功很大程度上依托于瑜伽实践者本人自觉地和最高级的管理者即自在天"相应"，也即是我们生命的一根金线要和自在天所表征的那根宇宙金线"相应"。说到底，没有这种"相应"，就不会收获瑜伽的实践成就。

尽管自在天重要，但绝大多数瑜伽实践者难以与之"相爱"，更难谈得上"顺服"。在我们生命的日常中，我们可以有另一种管理者，他们就是瑜伽成就者。

什么是瑜伽成就者？所谓瑜伽成就者，就是通过各种瑜伽实践摆脱了私我的限制获得了觉醒、获得了自由解脱之人。也即是，瑜伽成就者是生前解脱者，是解脱的灵魂，他们躯体还在，但已摆脱了躯体的束缚，是达至自由之境的人。或者，简单地说，他们的生命金线和宇宙的金线已经"相应""相融"。根据《奥义书》，他们的特征可以归纳为以下几点：

第一，他们脱离了欲望（akamayamana）。"他们抛弃对儿子的渴望，对财富的渴望，对世界的渴望。"①

第二，他们不再受恐惧的困扰。他们把万物视为自己。类似张载《正蒙·乾称篇》说的："乾称父，坤称母，予兹藐焉，乃混然中处。故天地之塞，吾其体，天地之帅，吾其性。民，吾同胞，物，吾与也。"因为万物同一，因此他们没有任何恐惧，也因此他们也不会成为他人恐惧的原因。

第三，他们摆脱了个体性的迷幻。"知道自我的人超越忧愁。"②"生主说：'这个自我摆脱了罪恶，无老，无死，无忧，不饥，不渴，以真实为欲望，以真实为意愿。'"③

第四，他们割断了过往因果的捆绑。"一切疑惑都消除，诸

---

① 黄宝生译：《奥义书》，北京：商务印书馆，2010年，第90页。
② 黄宝生译：《奥义书》，北京：商务印书馆，2010年，第202页。
③ 黄宝生译：《奥义书》，北京：商务印书馆，2010年，第219页。

业终结。"①

第五，他们不会沉溺于不活动。反之，为了人类和宇宙的整体福祉，他们以不执之心积极行动。他们像普通人一样行动，吃，喝，睡，但他们不会执着其中，他们更是一个目击者，一个观者。因为"知梵者永恒的伟大性，不因业而变大或变小；知道了它的这种性质，就不会受到恶业污染。"②

第六，他们达到了至福状态。基于瑜伽的经验，他对梵没有任何疑惑，他洞见了宇宙的那根金线，也洞见了他自身的生命金线。

第七，他们不再关心解脱还是束缚，因为解脱和束缚属于人的心意，而非永恒自由的自我即阿特曼。

在瑜伽传统中，一个人如果能遇到这样一个解脱的灵魂，该是多么幸福！这样的导师，在你的生命管理中就是一个榜样、一种力量、一种激励，引导你走向更圆满的人生。导师就如磁场，你进入这个磁场，生命的磁性就会得到疏导、顺服，对生命的理解获得梳理，混乱的心绪得以清理，对生命就会有全新的认识。

瑜伽成就者就如一个能量中心。他人靠近他们，就会进入这个能量中心。这个能量中心，具有净化的功能，是塑造人的地

---

① 黄宝生译：《奥义书》，北京：商务印书馆，2010年，第302页。
② 黄宝生译：《奥义书》，北京：商务印书馆，2010年，第90页。

方。古代经典一直强调圣人或者说瑜伽成就者相伴。学生经常陪伴在导师身侧，学生就会得到身心转变。正因为如此，当代著名的瑜伽士罗摩克里希那就一直教导圣人相伴的重要性。确实，导师给我们带来新生命。生父生母给我们带来第一次生命。导师，这里就是瑜伽成就者，给我们带来第二次生命。我们感恩生养我们的生母生父，我们同样感恩给我们带来新生命的导师。

在印度历史上，瑜伽成就者很多。瓦希斯塔、佛陀、商羯罗、罗摩克里希那、辨喜、拉马那，他们是其中的杰出代表。他们的故事、他们的传说，我们可以经常听到，这些故事对我们也很有作用，可以帮助我们更好地理解他们，并从中真正受益。

每个时代都会有觉醒的瑜伽成就者。如果有幸相遇，一定要获得瑜伽成就者的陪伴。有时这种陪伴比阅读他的书还重要。如果能得到他的实际指导，一定会带来生命极大的转变。如果能和瑜伽成就者真正建立起联结，他就能成为你的生命管理者，带领你认清尘世真相，识出生命金线，消除烦恼无知，获得愉悦和真正的健康，完成有效的生命管理，达至自由之境。

要和瑜伽成就者联结，需要很多预备。如果渴望与瑜伽成就者建立联结，渴望生命得到良好管理，渴望今生能获得生命的自在和自由，就需要在心中种下种子，努力预备，瑜伽成就者必定在合适的时间和机会来到你的生活中。

与瑜伽成就者建立联结并不会一帆风顺。师徒需要磨合，就如玛尔巴和米拉日巴之间的磨合。成功了，瑜伽成就者作为师父可为学生的生命管理提供极其重要的帮助。

一是明确生命自觉管理的目标和方向。这世上充满不确定和偶然性，作为以肉身显化的众生为无明遮蔽，充满苦难和烦恼，陷入各种纠结和执着之中。瑜伽成就者如灯塔照亮周围世界，学生看到光明，有了方向，不再迷失。

二是避免生命管理中方向偏离。人，习性不同，受业力影响，很可能在生命中的名、权、利、欲、色等上出现偏离，陷入更深的轮回之海。无知显化为私我（我慢），私我有无数的诡计把人带偏。瑜伽成就者已经摆脱了无明，清楚地知道如何避免陷入其中。

三是协调世俗和神圣之间的二元对峙。传统的瑜伽成就者偏向出世主义，但现实中的人则普遍沉浸在世俗中。出世主义的出现和盛行，是因为古代圣人、瑜伽成就者洞彻了生死本质。入世主义者拒绝出世，认为唯有这感官的世界是生活的意义所在。不过，即便古代，诸如哈达瑜伽传统瑜伽成就者，也有很多并不放弃世俗维度，而是倾向通过身体、借助尘世的这具载体达至瑜伽的目标，走向瑜伽的自由之境。这样的瑜伽成就者，很好地处理了世俗和神圣、入世和出世之间的张力。

这具身体是我们的载体，这宇宙——无论存在什么维度，无论哪个维度，都需要我们通过载体去感知、去觉悟、去享用、去奉献。现代瑜伽哲学，更加多元和开放。现代瑜伽，在生命和生命的管理中，就要让神圣世俗化，也要让世俗神圣化。没有单纯的神圣，也没有单纯的世俗。世俗本身就包含神圣，没有世俗也就没有神圣，而神圣更是显化为世俗。世俗和神圣的不二关系，正如龙树菩萨所言的，轮回即涅槃，在瑜伽成就者那里得到了完美体现。

第6章

# 探径瑜伽的文本经典

在文本道场中，

分辨，理解，实践。

对于我们大多人来说，生命的管理首先是自发的，出于生命的本能。随着个体成长，逐渐意识到生命需要成长。生命的管理和成长离不开经典。

文本经典是瑜伽圣人们智慧的结晶，《奥义书》《薄伽梵歌》《瑜伽经》《哈达瑜伽之光》《格兰达本集》《希瓦本集》《至上瑜伽——瓦希斯塔瑜伽》等古老的文本，都是瑜伽成就者的智慧果实。我们如何能从这些瑜伽成就者的文字那里获得生命管理的指导呢？毫无疑问，就是阅读研究这些经典文本。

瑜伽成就者在他们所从事的领域达到了认识和亲证的天花板，他们的经验可为我们的生命管理提供完美指导。在古代，由于各种限制，一般人没有机会自由地阅读到瑜伽成就者的典籍文本。常说"导师难遇"，某种意义上，成就者们留下的典籍也难遇。如今，情况已经完全改变，我们可以非常轻松地获得各种瑜伽成就者的经典文本。只是现实情况是，典籍尽管是瑜伽成就者留下的，然而时代变了，我们理解的语境也变了，仅仅阅读典籍未必就能真正获得完美的指导。

这里，我们可以从区分以文字为载体的典籍和瑜伽成就者之间的差异来理解。现实的瑜伽成就者是身心灵的复合体，是在场的、临在的，如果和成就者直接发生联结，成就者可以非常清晰地认识弟子，并根据弟子的实际情况提供有效的瑜伽指导。典籍是以一种文字的方式固定下来的，在某种程度上，就是瑜伽成就者的文字化身。但我们去阅读甚至研究典籍，可能会误解瑜伽成就者的原意。

在某个时代留下的文字经典，需要在那个时代语境中才会更加确切地获得理解。然而，我们早已过了那些瑜伽成就者所处的时代。瑜伽成就者所处时代的语言，一旦固定，其他时代的人往往很难理解。后来的学者们、阐释者们，以及后来的瑜伽大师们的翻译和解释，也不能保证其一致性或正确性。当然，如果完全一样，也就不会有对同一经典文本的多个翻译和注释版本了。实际情况是，对于经典，不同的导师和瑜伽士因其自身的局限性也不可能是一样的翻译、一样的注释和解读。

尽管我们是普通人而非瑜伽经典专家，更非瑜伽成就者，但我们想要做好自己生命的管理，渴望获得良好的指导，这些经典自然是非常重要的。对于走在生命管理道路上的我们，还是需要了解经典文本在生命管理中的指导作用：

第一，经典可以为瑜伽实践者分辨、提供瑜伽的正确方向和合适的方法。

第二，可以反复琢磨、理解文本。

第三，经典文本提供了磨炼我们心意的文本道场。奥义书就说，研读经典本身就是修行实践，就可以提升自己的分辨力、觉知力。

当今时代资讯高度发达，大量的瑜伽智慧和实践指导，通过各种媒体方式得到广泛传播。我们更容易获得经典文本，这是时代给予的实践便利。不过，尽管我们在这个时代很方便就能获得瑜伽成就者的经典，但也正是因为太容易获取，真正从心里重视的反而很少，真正专注于经典文本的少之又少。真正走生命自觉管理之道的瑜伽行者，他们善用时代带来的方便，从内心敬重经典，用心学习，努力分辨，积极实践。

对于很多人来说，单靠阅读经典还难以自觉管理好自己的生命。他们需要导师的带领，如果有幸遇到瑜伽成就者，则可以快速走向生命管理的圆满。但他们更多时候遇到的不是瑜伽成就者，而是瑜伽典籍以及并没有达至终极瑜伽成就的教练。

第7章

# 学习身边的瑜伽教练

在世间磨砺，

与瑜伽士遇见。

　　对我们绝大多数瑜伽实践者来说，在生命管理的道路上，普遍能遇到的是各种瑜伽教练。所谓教练，这里是指那些经过瑜伽专业训练，掌握相应瑜伽实践技能的人。这些教练也分不同的层次。

　　第一，只掌握了有限的技能，尤其是瑜伽中的体位法。他们对瑜伽文化、瑜伽哲学了解不多，更多时候，他们是通过学习有限的体位技能来谋生的一类职业人。他们的年纪一般比较轻，甚至一般性的知识文化也很有限。如今，这样的瑜伽体位教练在瑜伽市场上数量庞大。而因为他们在瑜伽教学第一线，他们对广大瑜伽实践者有着最直接的影响。

第二，有一定的瑜伽实践技能，熟悉一般性的瑜伽文化，但了解有限，还没有通晓瑜伽精深的哲学。他们经常是瑜伽文化的爱好者，也可能成为瑜伽知识和能量的追随者，这对他们瑜伽能力的提升益处较大。这样的教练，他们在意瑜伽对于生命管理内在素质的提升。

第三，有一定的瑜伽实践技能，爱好瑜伽文化和哲学，在某一方面达至比较高的认知。他们孜孜以求，不断自我完善。在某种意义上，他们会主动引导人们学习真正的瑜伽，也会帮助人们学习真正的瑜伽。他们自己会主动去找更高维度的导师。这样的瑜伽教练会主动关心瑜伽学生的成长，自觉不自觉地关心他们的生命之管理。

第四，掌握一定的瑜伽技能，有比较丰富的瑜伽知识，并且有自己的师承传统或者归属，或是更高层瑜伽士的弟子，有人生的目标和使命。他们教学瑜伽，并不完全是为了谋生，很可能是受到一种信念和更高维度追求的影响。

瑜伽各个层次的教练，作为生命管理者，他们有可能会把瑜伽实践者引导到经典文本的学习中，也有可能带到真正的瑜伽成就者身边。通过他们的带领，瑜伽实践者可能会有机会深入地理解瑜伽的本质，带来身心健康，真正管好生命。

　　生命的管理离不开经典文本，瑜伽教练可以带领着去亲近经典，这是一种姿态，代表了一种倾向。瑜伽教练也可能把你带向瑜伽成就者，让你直接知道生命管理的成功意味着什么。有的瑜伽成就者侧重从身体的角度介入，有的侧重从能量的角度介入，有的侧重心意的控制，有的侧重智性的分辨，还有的则侧重爱的融合。不管从哪个角度，都立足于当下这具身体。

　　尽管初级的瑜伽教练主要是为了谋生，很难给你带来完整的生命管理，但他们在某种程度上帮助你管理好这具身体。在世间磨砺中，在不断的瑜伽实践中，或许遇到了更好的导师、更多的经典，体验到更多的瑜伽经验，在某个"凯罗斯"（特定的时间）时刻，真正进入系统的生命管理阶段。因此，即便是一个非常普通的瑜伽教练也有其独特的存在的意义和价值。重要的是，我们对待生命的视角和态度。这是关键。

第8章

# 从我们自身开始

但是，我们在哪里？

这生命的奥秘就是你自己。

一切从自身开始。

生命管理是一个系统。总体上，生命自身有个独立的自主管理系统，有它天然的律则金线。我们不能轻易违背这条金线的运行原则。这条金线是原质三德占据主场的道场。

我们的身体生命本身是一个系统。作为生命的载体，它是一切活动的基础，是生命内外交通、交换、进出的通道，是生命内外感受、表达、享用的平台。用瑜伽哲学术语来说，这是最基础的粗身鞘。

我们的心理生命本身是一个系统。作为生命呈现的心理活动，我们识别这个系统，这个系统最重要的就是心的功能，也就是心的念头以及因为念头而升起的各种心理活动。在很大程度上，瑜伽哲学的实践就是管控我们这个心的念头。

我们的精神生命也是一个独立的系统。作为生命呈现的精神活动，有其独特的运行功能。精神生命更加精微，对其管控要更加谨慎小心，但其功能作用更加强大，可帮助我们达至生命的圆满。

身体层面、心理层面和精神层面的生命，它们并不是彼此分离的，而是相互联结的。身体的变化会影响心理，进而影响精神；心理的变化也会直接影响身体，进而影响精神；而精神的变化直接影响着心理，并反映在身体层面上。

这三个系统塑造了"我"即吉瓦（jiva）。这个"我"，有人称之为"假我""私我"，或者"小我""自我"。不同人站在不同的立场，会对这个"我"有一个倾向性判断。我们认为，这个"我"非常独特，并且特别重要。因为谁都离不开这个"我"。没有这个"我"、这个吉瓦，我们就不能成为人。

这个"我"，可以观察我们自身的身体、心理和精神，同时这个"我"又好像独立于它们似的。这个"我"可能会认同于身体，把这具身体视为"我"，因为这种认同，身体生病了，这个"我"就会痛。这个"我"也会认同自己的情绪，也认同某个观点、价值、真理。我们一直生活在这个"我"的种种认同中。

但是，如果这个"我"稍稍跳出这具身体、这些心理和这个精神，"我"就会知道，"我"可以自主管理自己的身体、心理和精神。这个"我"有一种潜在的自我责任，有义务去管理自己的身体、心理和精神。而现实的情况是，人们普遍缺乏生命管理的意识，即便有了这样的意识，也多是从心理学、养生学等学科层面上去调节心理和身体，而缺失最重要的对"自我"的认知这一环。

现实中，有部分人因为业力缘故，能比较好地管理好自己的生命，可以在这一生干出一份事业，成就一种成功的人生。但太多人还没有建立起生命管理的意识。当人能够平衡身体、心理和精神这三个层面的管理，并达至一种和谐的状态，就可以说他对生命的管理是值得充分肯定的。

生命的自觉管理是一个不断成熟的过程。开始时，人们因为病痛或者害怕生病或者为了身体的长寿，因此会管理自己的身体健康。因为关心健康，医学得到了发展，如中国的中医、印度的阿育吠陀医学、西方的西医等。不管哪种医学，它们首要关心的是人的身体层面的健康。身体管理在不同的文化中都得到了重视。

身体层面的健康和心理层面的情绪，它们之间的关系非常密切。《黄帝内经》认为，怒伤肝、喜伤心、忧伤肺、思伤脾、恐伤肾。心理的健康，对身体层面的健康十分重要。同样，精神层面对身体层面的健康也同样重要，甚至特别重要。精神健康，拥有强大的自我信仰，三观正确或者合适，这样的人具有更好的免疫力，会更加健康，也更容易长寿和快乐。

"我"是生命的真正管理者。这个"我"有着不同的状态，当这个我变得纯粹，具有更大的格局和视野，就能更好地管理自身的生命。瑜伽哲学主张，这个"我"本身是个管理对象，并且是根本的对象。没有对这个"我"的真切洞见，即便身体健康，也难以获得真正的喜乐和自由。

第三篇 **Part Three**

# 特殊的肉身

各别自我遍漫一切，虽在远而非远，
虽在身而无身。

——《频伽罗奥义书》IV，9

生命复杂，这种复杂性首先体现在身体这具肉身的特殊性上，并因着这特殊性，在瑜伽哲学尤其是在哈达瑜伽、阿育吠陀瑜伽等瑜伽实践中占有特别重要的位置。古代奥义书中的五鞘理论、数论瑜伽的三德理论、哈达瑜伽中的脉轮和昆达利尼能量理论，以及阿育吠陀瑜伽中极为重要的道夏理论等，为生命管理中的身体层面提供了丰富的实践依据和基础。

　　正如奥义书所说的，瑜伽士超然对待这具身体，但对这肉身却从不漠然。正是这样超然而又不漠然的取向，才使得借由这具身体经验真正的自我并融入宇宙大我成为可能，也才使得人作为宇宙的一极、一个维度成为现实。

第9章

# 肉身，一种特殊的瑜伽对象

　　生命，这个我们所面对的管理对象很特殊，它既受到原质自然律则的局限，其真正的自我又超然于一切局限。受到原质局限的肉身，这个被管理的关键对象是个复杂的客体，不同的学科对这客体有不同的解释模式。在这一篇，我们就从传统的瑜伽哲学和阿育吠陀等视角做一解释。

　　首先，我们看看阿育吠陀中的道夏（dosha）理论。阿育吠陀认为，这个世界的一切都是由土（地）、水、火、风、空五大元素所构成的，这五大元素性质不同，不同元素的组合就构成了不同的体质，即道夏。道夏有三种基本类型，分别是瓦塔（风型）体质、皮塔（火型）体质和卡法（水型）体质。借助人体的道夏可以知道人的粗身（即肉身）的状况。只有道夏平衡，身体才会健康。若出现了瓦塔、皮塔和卡法的失衡，则会出现亚健康或疾病。这是粗身管理的一个基本认知。

根据数论瑜伽哲学，这世界的一切由原人和原质构成。原质有三德，也可以说，原质是未显的三德，三德是显化的原质。所谓三德，就是萨埵（善良）属性、罗阇（激情）属性和答磨（愚昧）属性。每个人都包含这三种属性（的组合）。不同的人，这三种属性所占比例不同。瑜伽中的生命管理，本质上是在处理三德问题，处理得好，三德平衡，我们就获得心灵的健康。但现实是，太多的人三德失衡，这种失衡带来生命管理的混乱。而对于一个瑜伽成就者，他的生命进入不受三德自然制约的超然之境。生命管理的最高境界就是达到超乎三德而不离三德的境界。

瑜伽哲学还认为，人是一个极其复杂的生命体。这个生命体有一个真我即阿特曼，包裹着这个阿特曼的是五鞘，分别是粗身鞘、能量鞘、心意鞘、智性鞘和喜乐鞘。每个身鞘都有不同的特征和功能，它们是阿特曼的显化，但阿特曼不是这五鞘本身。如何理解和处理五鞘，是奥义书尤其是吠檀多瑜伽哲学所特别关注的。简单来说，生命的管理就是对五鞘的管理。最终，要超越五鞘，让阿特曼重新获得完全的自由。如果我们能够充分理解五鞘，从中明白管理生命的技艺，就可在当下获得诸多自由，使得生命丰盛而完美。

对于哈达瑜伽哲学，生命是一个精微的能量系统。这个能量系统主要包含三脉七轮。三脉：左脉、右脉和中脉；七轮：海底轮、生殖轮、脐轮、心轮、喉轮、眉间轮和顶轮。生命管理主要是对这七大脉轮的管理。脉轮瑜伽，对七轮管理形成了一个完整系统。

当我们从粗身鞘层面关注我们的道夏即体质时，我们就会知道要基于年龄、季节、地域、体质、生活方式等，去管理生命。当我们从能量鞘层面去关注生命时，我们就会知道要基于三脉七轮的能量系统去管理生命。当我们从心意鞘去关注生命时，我们就会知道控制心意的重要性。当我们从智性鞘去关注生命时，我们就会知道自我分辨的必要性。当我们从喜乐鞘去关注生命时，我们就会努力发展萨埵的能量，就会努力从答磨占主导的生命发展到罗阇占主导的生命，再发展到萨埵占主导的生命，而最终将超越答磨、罗阇和萨埵这三种能量的束缚。这样的瑜伽实践，是生命不断提升的过程。

当然，要做到这些，我们就要深入认识三身五鞘、原质自然，就要深入考察我们的道夏的特征，就要明白七大脉轮的功能，并从整体出发去管理、调控、控制，获得身体健康、心理健康、精神健康，最终摆脱各种局限而获得自由。

第10章

# 体质道夏

元素是地基，

食物是梵。

生命的萨埵永在、遍在。

这一章，我们从粗身鞘出发，来详细考察阿育吠陀瑜伽传统的道夏体质理论。

我们首先需要了解的是构成道夏的五大元素。这五大元素分别是：土（地）、水、火、风、空。这五大元素各自具有一些基本特质，了解了每个元素的特质，就可以明了不同元素对人体的不同作用。

土（地）：密度，重、粗糙、不冷不热、坚硬、不活跃、稳固、稠密、硕大；

水：溶解，重、流动、冷、软、不活跃、黏滑、稠密、湿；

火：转变，轻、扩展、热、干燥、快速、光明、色彩、强烈、清晰；

风：运动，轻、震动、不热不冷、粗糙、清晰、原子性；

空：精微，轻、无抵抗、不热不冷、软、光滑、分离、差异。

在粗身的生命管理中，我们可以通过平衡不同的元素来达成身体的健康。如果一个人火元素缺乏，我们可以补充火元素。有人总是觉得自己力气不够，手脚冰凉，消化缓慢，人还肥胖，这人基本属于水型体质，缺少火元素，就需要补充火元素。可以通过吃那些含有较多火元素的食物来增加火元素；可以通过运动增加自身火元素；可以做促进火元素的调息法，如圣光调息、风箱式调息；也可自然补充火元素，如晒太阳、烤火、艾灸；还可以通过保暖来保持原有的火元素，不让它轻易散掉，如添加衣服。而火型体质的人容易缺乏风元素、空元素等，可以通过食物调理，多吃一些富含空元素的食物，如鲜榨的蔬菜汁。适当地禁食（辟谷）也是身体和空元素发生密切关系的方式之一。尽管阿育吠陀瑜伽并不支持长时间的禁食（辟谷），但也推荐，瑜伽实践者可进行一周一次的禁食（辟谷）。当然，五大元素的平衡不是静止的。五大元素在动态中平衡才是真平衡。

五大元素所构成的身体，若是某个元素占据主导，那就容易表现出那个主导元素的元素特征。事实上，五大元素不仅体现为肉身层面的特征，人的情绪、理智等等都和主导的元素有关。所以，生命的管理也意味着对五大元素的管理。善用五大元素来平衡自己的身体，既可在身体层面做好合理的调整，呈现出健康的机体，也可以在心理层面做好合理的调整，呈现出健康的心理。对于前者容易理解，其实对于后者也一样容易理解。例如，白酒，其空元素比重较大，容易让人的意识空间得以扩展，适合火型体质的人和水型体质的人，但不适合风型体质的人。

其次还需了解不同元素比重的组合构成不同的道夏体质。阿育吠陀瑜伽哲学认为，风和空元素为主导的体质为瓦塔（风型体质），火水元素占主导的体质为皮塔（火型体质），水和土元素占主导的体质为卡法（水型体质）。我们可以有一个初步的结论，即身体体质主要分为三大基本类型，即风型（瓦塔）体质、火型（皮塔）体质和水型（卡法）体质。但实际情况要复杂得多，不能只局限于瓦塔体质、皮塔体质或卡法体质这三类。把这一体质模式进一步细分，可以扩展为十种：（1）瓦塔（风占主导），（2）皮塔（火占主导），（3）卡法（水占主导），（4）瓦塔—皮塔（风—火占主导），（5）皮塔—瓦塔（火—风占主导），（6）瓦塔—卡法（风—水占主导），（7）卡法—瓦塔（水—风占主导），（8）皮塔—卡法（火—水占主导），（9）

卡法—皮塔（水—火占主导），（10）瓦塔—皮塔—卡法（平衡式）。如果深入下去，可以对这十种体质分别做出相应的评估。三大基本体质的表现列表如下。

### 瓦塔体质属性及其身体的基本特征

| 属性 | 身体的基本特征 |
|---|---|
| 干 | 皮肤、头发、嘴唇、舌头、喉咙干燥，声音嘶哑，结肠干枯，容易便秘 |
| 轻 | 体型小，肌肉不发达，骨头轻，睡眠不足，容易醒 |
| 冷 | 手脚冰冷，循环差，<br>怕冷喜热，身体僵硬，女性月经不规律、变化大 |
| 粗糙 | 皮肤上有结块，指甲开裂，头发分叉，关节咯咯响 |
| 细微 | 抽搐，五官清秀，焦虑，肌肉颤动 |
| 运动 | 弹性身体，走路快，谈话快，多重任务会一起做，眼睛转动快，多梦，<br>难以在一处安顿，心境不稳、不确定，观念容易变 |
| 清晰 | 直觉力强，清晰开放的心灵，有哲学家之气质 |
| 涩 | 容易打嗝，爱潮湿和糊状食物，喜欢甜、酸、咸的食物 |

### 皮塔体质属性及其身体的基本特征

| 属性 | 身体的基本特征 |
|---|---|
| 热 | 有很好的消化力，胃口好，头发容易灰白或掉发，<br>体温偏高，不适应热和潮湿，容易出现痔疮，容易感染 |
| 锋利 | 敏捷的心意，锋锐的牙齿，尖下巴，尖鼻，<br>具有穿透性的目光，有很好的记忆力 |
| 轻盈 | 对光敏感，皮肤白皙，明眸，身体敏捷 |

续表

| 属性 | 身体的基本特征 |
|------|----------------|
| 油性 | 油性皮肤，油性头发，油性大便 |
| 液体 | 稀便，出汗多，易口渴，排尿多 |
| 散开 | 身上易生痔疮，渴望名声传扬 |
| 酸性 | 胃酸多，流涎症，牙齿和皮肤过敏 |
| 苦味 | 嘴巴里有苦味，恶心，容易呕吐 |
| 苦痛 | 烧心，嘴巴和胃有烧灼感，易怒 |
| 腐蚀 | 腋下、嘴巴和脚上容易散发恶味 |

### 卡法体质属性及其身体的基本特征

| 属性 | 身体的基本特征 |
|------|----------------|
| 重 | 身体沉重感，骨架大，容易超重，久坐不动，心里沉重 |
| 慢 | 走路慢，说话慢，消化慢，新陈代谢慢，观念稳定，不容易改变 |
| 凉 | 体温低，容易伤风感冒，胃火小 |
| 油性 | 皮肤、头发、大便具有油性特点，关节好 |
| 潮湿 | 手湿黏，胸部、鼻腔、喉咙充血，头痛 |
| 光滑 | 皮肤、头发光滑，肠光滑，声音悦耳 |
| 紧密 | 身体紧密，皮肤厚，头发厚，指甲厚，排便粗大 |
| 柔软 | 水汪汪的眼睛，软软的皮肤，柔顺的头发，慈悲，爱心，温顺 |
| 静态 | 久坐不动，爱睡觉 |
| 黏性 | 忠诚，爱拥抱，依附，关节和器官稳固，大便有黏性 |

续表

| 属性 | 身体的基本特征 |
|---|---|
| 愁 | 心意常处于忧愁状态 |
| 甜美 | 喜欢甜食，人格甜美，生育能力强，喜欢做爱 |

知道了身体体质的特征，我们还需要知道一个人的具体体质，以下介绍一种简单的测试法。

### 个体体质测试表

| | | 瓦塔（风型） | 皮塔（火型） | 卡法（水型） |
|---|---|---|---|---|
| 1 | 体形 | 苗条 | 中等 | 偏大 |
| 2 | 体重 | 很难增重 | 适中 | 容易增重 |
| 3 | 脸色 | 偏暗 | 红润 | 偏白 |
| 4 | 皮肤纹理 | 偏干燥、偏凉 | 偏油性、偏热 | 湿润、偏凉 |
| 5 | 眼睛 | 偏小、转动快 | 大小适中、眼光锐利 | 偏大、润泽 |
| 6 | 头发 | 干燥 | 油性 | 油性、有光泽 |
| 7 | 双肩 | 窄小 | 适中 | 宽大、厚实 |
| 8 | 胸部 | 偏小 | 适中 | 发育好或丰满 |
| 9 | 双手 | 小、偏凉 | 大小适中、温暖、结实 | 厚、偏大、偏凉、润泽 |
| 10 | 鼻子 | 偏小 | 中等 | 偏大、挺直 |
| 11 | 嘴唇 | 偏薄 | 中 | 偏厚 |
| 12 | 腹部 | 偏小 | 适中 | 偏大、容易大腹便便 |

续表

| | | 瓦塔（风型） | 皮塔（火型） | 卡法（水型） |
|---|---|---|---|---|
| 13 | 臀部 | 修长 | 适中 | 偏大 |
| 14 | 双腿 | 偏细 | 中等 | 偏粗大、健壮 |
| 15 | 关节 | 易发声响、韧性差，易伤 | 韧性好 | 稳定、致密、润滑 |
| 16 | 消化不好时 | 嗳气、屁多 | 心烧灼感、反酸 | 身体滞重，水多 |
| 17 | 汗/味 | 少汗、凉、体味少 | 汗多、热、体味大 | 适中、凉、常有体香 |
| 18 | 大便 | 量少、干、易便秘 | 量多、松软、易腹泻 | 量适中、成型 |
| 19 | 小便 | 偏少、偏清 | 色偏浓 | 偏白、混浊 |
| 20 | 脉搏 | 细微、如蛇一样运动 | 适中、如青蛙一样跳跃 | 宽慢、如天鹅一样游动 |
| 21 | 活动 | 迅速、快速、易改变 | 适中、目的明确 | 缓慢、稳定、庄重、善活动 |
| 22 | 力量 | 力量小、耐力差 | 适中、热耐受力差 | 耐力好 |
| 23 | 性欲 | 易变化、不稳定 | 中等、热烈 | 稳定、能充分享受性乐 |
| 24 | 睡眠 | 不足、易醒、容易失眠 | 适中、睡眠质量高 | 嗜睡、不易醒 |
| 25 | 记忆 | 学得快，忘得快 | 记忆好 | 学得慢，记忆力超好 |
| 26 | 行事 | 想法多，但容易放弃 | 做事严、要求高 | 接受后容易坚持 |
| 27 | 脾气 | 热情、活泼、创造性 | 雄心、激情、动力 | 容易相处、给予、耐心 |
| 28 | 消极性 | 焦虑、神经紧张、恐惧 | 竞争、攻击、缺乏耐心 | 孤独、抑郁、嫉妒 |
| 29 | 语言 | 语速快 | 犀利、说话能击中要害 | 慢、平缓 |

续表

|  |  | 瓦塔（风型） | 皮塔（火型） | 卡法（水型） |
|---|---|---|---|---|
| 30 | 心 | 不安定、求新求变 | 进取、聪明 | 平静、缓慢 |
| 总分 |  | 风： | 火： | 水： |

说明：以上体质测试总计30题。测试者可以根据自己的实际情况在每一栏中选择适合自己的体征指标，并记一分。最后分别得出瓦塔、皮塔和卡法各体征的总分。通常来说，某一栏如果达到20分以上，就是比较典型的单一体质。上述体质测试的结果，大致接近我们的先天体质。但现实中，因为人们具体表现出来的体质受到各种因素影响，如气候、环境、饮食、运动、情绪，甚至社会教育和文化传统等的影响，体质往往不平衡。为此，我们需要了解体质失衡的核心表征。通过体质失衡表征，可以更好地认识自己，并找到处理体质失衡的实践方法。

## 个体体质失衡特征测试表

|  | 体征指标 | 瓦塔 | 皮塔 | 卡法 |
|---|---|---|---|---|
| 1 | 外表 | 皮包骨头 | 中 | 体形硕大、行动迟缓 |
| 2 | 体重 | 体重不足、消瘦 | 稳定 | 超重 |
| 3 | 关节 | 关节突出、关节炎 | 柔软 | 肿胀 |
| 4 | 脊柱 | 脊柱侧凸 | 驼背倾向 | 脊柱前弯 |
| 5 | 肌肉 | 痉挛、抽搐 | 柔软 | 肿胀 |
| 6 | 皮肤 | 黑暗、干燥粗糙、褐黄斑 | 黄或红、皮疹、疙瘩、痤疮 | 苍白、多油、光滑、肿胀 |
| 7 | 淋巴结 | 狭小 | 感染 | 大、充血 |
| 8 | 经脉 | 突出、倾陷 | 适中可见、青肿 | 满、大、滞 |
| 9 | 眼睛 | 干、不断眨眼 | 红、烧灼感、对光高度敏感 | 苍白、肿胀、黏性、流泪 |

续表

|  | 体征指标 | 瓦塔 | 皮塔 | 卡法 |
|---|---|---|---|---|
| 10 | 耳朵 | 耳鸣 | 痛、感染 | 堵塞 |
| 11 | 鼻子鼻腔 | 干、结壳 | 红、感染 | 充血 |
| 12 | 嘴唇 | 干、破裂 | 红、感染 | 苍白、油性 |
| 13 | 嘴巴 | 干 | 红、感染、齿龈柔软 | （很多）流涎 |
| 14 | 舌头 | 干裂、褐舌苔 | 红色、红肿发炎、黄舌苔 | 苍白、厚白舌苔 |
| 15 | 头发 | 干、脆 | 油性、灰色、秃顶 | 油性、茂密 |
| 16 | 指甲 | 干、粗、裂 | 软、发炎、锋利 | 苍白、厚、油性 |
| 17 | 胃口 | 多变、神经性厌食症 | 强大、难以忍受、低血糖 | 低、稳定 |
| 18 | 消化 | 不规则、肠胃胀气 | 快、酸性消化不良 | 慢、延长、消化不良 |
| 19 | 新陈代谢 | 不规则 | 过度活跃 | 慢 |
| 20 | 排泄 | 便秘、大便干、排泄困难 | 大便稀、腹泻（痢疾） | 重、大便黏稠 |
| 21 | 能量层面 | 过度活跃、耗尽快、疲惫 | 强烈、过分思考而耗尽 | 低、因体重而耗尽 |
| 22 | 性驱动 | 性高潮过早、早泄、持续力差 | 痛苦的性交 | 力比多低下 |
| 23 | 声音 | 干、耗尽、口吃结巴 | 尖、有穿透力 | 深、嘶哑、像鼓音 |
| 24 | 发言 | 快、生硬、说话快、含义不清晰 | 尖锐、果断、预先考虑 | 慢、独白 |
| 25 | 呼吸 | 呼吸短促 | 呼吸不均 | 慢、呼吸困难 |

续表

| | 体征指标 | 瓦塔 | 皮塔 | 卡法 |
|---|---|---|---|---|
| 26 | 过敏 | 干、哮喘 | 荨麻疹，喉炎 | 充血，流鼻涕 |
| 27 | 睡眠 | 失眠 | 难入眠、睡眠不足 | 睡眠过多 |
| 28 | 梦 | 多梦、活跃、恐惧的梦 | 暴力、激烈 | 水性、浪漫 |
| 29 | 情绪 | 焦虑、恐惧、孤独 | 判断、批评、愤怒、憎恨、嫉妒 | 依附、贪婪、抑郁 |
| 30 | 记忆 | 短期好、长期差 | 适中、独特 | 慢、长期记忆好 |
| | 总分： | 瓦塔： | 皮塔： | 卡法： |

说明：以上不平衡状态的体质特征测试总计30题。测试者可以根据自己的实际情况在每一栏中选择适合自己的体征指标，并记一分。最后分别得出瓦塔、皮塔和卡法各体征的总分。通常来说，某一栏如果达到20分以上，就是比较典型的体质失衡，需要谨慎对待，需要进行科学的能量管理。

基于体质平衡的生命管理是一种科学管理。身体层面的生命管理，基于体质平衡理论，我们可以从多个方面实践。

一是生活有规律。我们可以从生活方式开始，让我们的生活方式符合我们的生命节律，不要太累，也不能太安逸，饮食有度，生活有规律。从阿育吠陀瑜伽角度看，不同体质的人应有相应的合理的生活方式。如，卡法体质的人不适合午睡，晚饭不能太晚、吃太多。

二是学会科学饮食。要吃得对。有人暴饮暴食，烟酒无度。

阿育吠陀的饮食规则是生命管理的重要组成部分。基于阿育吠陀瑜伽哲学，我们下面列出不同体质的饮食规则：

瓦塔体质：

多食用：（味）甜、酸、咸；（性质）重、油、热；

少食用：（味）苦、辣、涩；（性质）轻、干、寒。

皮塔体质：

多食用：（味）甜、苦、涩；（性质）重、油、寒；

少食用：（味）酸、咸、辣；（性质）轻、干、热。

卡法体质：

多食用：（味）苦、辣、涩；（性质）轻、干、热；

少食用：（味）甜、酸、咸；（性质）重、油、寒。

阿育吠陀的饮食规则是生命管理的重要组成部分。

三是学会睡。睡觉是动物本能，我们无法改变。每个人都需要睡觉。然而，由于不规律的生活方式、生活的压力、社会的高度流动性、复杂的人际关系等，如今许多人遇到了睡眠障碍。从生物学上说，睡眠发生障碍的基本原因是交感神经和副交感神经的失衡。从阿育吠陀瑜伽角度看，是风元素太过强大而使得身体失去了能量平衡。如今，因为睡眠障碍非常普遍，如何让人能睡上一个好觉已经发展出一个巨大的行业。医院里有专门的睡眠障碍检测和治疗；心理咨询师则从心理方面给予种种咨询和调理；企业研发了更加舒适的床、枕头、按摩仪等；养生家则提供合理的饮食指导、运动指导；瑜伽士则提供瑜伽体位、调息和冥想。有人成了著名的睡眠专家，涌现催眠师、按摩师、艾灸师、芳香疗愈师、呼吸法导师，等等，他们都从不同的角度为提高人的睡眠质量殚精竭虑。

四是学会调。古奥义书说食物是梵（绝对者），说的是食物和终极之间的关系，暗含了食物对人体的重要性。本质上食物就是能量。什么样的能量有什么样的功能和力量。"调"，协调，可以增加，可以减少，可以补充，可以强化，可以弱化。食物、体位、调息、冥想、唱诵等，都可以调理能量。调理包含丰富的内涵，但有一点特别重要，即要学会安住，有意无意地安住于至上的那位，这一背景下，人就容易做到不同维度的调理。

五是重视能量输出和输入的平衡。这里的能量输出和输入，重点是讲人的感觉器官和行动器官的合理运用。眼、耳、鼻、舌、身这五个感觉器官，以及手、脚、嘴巴、肛门、生殖器这五个行动器官，它们都是能量输入和输出的中介。如果能合理而平衡地运用它们，粗身就能保持稳定和健康。如果随意关闭它们或过分开放它们，都有可能导致能量失衡，身体就会出现问题。就性能量这一方面来说，基于阿育吠陀瑜伽的思想，性能量的变化与人体健康的关系十分密切。长期禁欲，对身体健康并不利；频繁过度地运用性能量，则让人早衰。不同年龄阶段对性能量的使用差别巨大，人在不同的生命状态下也有极大差异，而体质不同的人对性能量的运用更是差异巨大。瓦塔、皮塔和卡法这三种体质中，瓦塔体质的性能力是最差的，所以要健康就需要内养，不能有太多的性生活。而皮塔体质的人性能力居中。卡法体质之人，他们的性能力和性需求最强最大。相应地，卡法体质的人相比之下可以多一些性生活。瓦塔体质的人纵欲，则会很容易伤及身体。

总体来说，阿育吠陀瑜伽的道夏理论建立在基于体质与能量平衡的基础上。深入把握道夏理论内在精微的方面，就能理解如何根据身体的实际情况选择某种形式的生活方式、某种运动方式、某种饮食方式、某种调息方式、某种冥想方式，等等。事实上，还可以将道夏理论运用于生活的其他方面，以促进身体健康，如流行的基于道夏理论的精油运用。不同的精油具有不同的特点，有的适合瓦塔体质，如薰衣草、雪松、罗勒；有的比较适合皮塔体质，如檀香、柠檬、薄荷、玫瑰；有的则适合卡法，如迷迭香、樟脑、丁香、鼠尾草。又如油疗，一般来说，芝麻油适合瓦塔体质，椰子油适合皮塔体质，而玉米油、芝麻油则适合卡法体质。

第11章

# 原质三德

三德的风到处吹。

原质三德理论是瑜伽哲学的核心之一。数论瑜伽士自在黑在他的《数论颂》中说："显现者由三德（即萨埵、罗阇与答磨）构成，不相离，客观存在，共有，无知，能生。本因亦然。原人与二者相反，但在某些方面又与二者相似。"① "三德具有乐、苦与幻的本质；它们起到照明、活动与抑制的作用，并且相互主

---

① 自在黑著，瓦恰斯帕蒂·弥室罗注释，斯瓦米·维鲁帕克萨南达英译，朱彩红中译并补注：《〈数论颂〉译注》，成都：四川人民出版社，2022年，第88页。

导、支撑、生起与合作。"①"萨埵是轻快与照明，罗阇是激奋与流变，答磨是惰性与遮蔽；它们的运作是为了同一目的，就像灯是为了照明一样。"②自在黑揭示了原质三德的诸多奥秘。

第一，原质三德的本体。显现者由原质三德构成。显现者就是在世上显现出来的一切对象，它由三德即萨埵、罗阇与答磨构成。萨埵、罗阇与答磨"不相离，客观存在，共有，无知，能生"。"不相离"，指的是作为显现者的三德和未显者不能分离，也可以指三德构成的万物之间不分离。"客观存在"，一种真的存在，并不是虚妄的。数论瑜伽哲学坚持原人—原质二元论，即原人是客观真实的，原质也是一样。因此，三德的客观存在就是必然的。由于数论瑜伽哲学坚持原人的多元性、原质的一元性，因此，原质为所有原人所有。所有原人都可以运用原质，而原质不属于某个原人。

第二，三德的本质。三德具有快乐、痛苦和虚幻的本质。一般来说，快乐是萨埵的本质，痛苦是罗阇的本质，虚幻是答磨的本质。数论瑜伽士一般并不认同诸如"快乐是痛苦的缺乏""痛

---

① 自在黑著，瓦恰斯帕蒂·弥室罗注释，斯瓦米·维鲁帕克萨南达英译，朱彩红中译并补注：《〈数论颂〉译注》，成都：四川人民出版社，2022年，第94页。

② 自在黑著，瓦恰斯帕蒂·弥室罗注释，斯瓦米·维鲁帕克萨南达英译，朱彩红中译并补注：《〈数论颂〉译注》，成都：四川人民出版社，2022年，第100页。

苦只是快乐的缺乏"等这样的观点。

第三，三德的作用。三德具有照明、活动与抑制的作用。萨埵的作用是带来光明、轻盈、喜乐、满足、宁静、专注、慈爱、善良，给予平衡；罗阇的作用是带来改变、不满足、活跃、扰动、奋斗、行动、欲望，引起不平衡；答磨的作用则是带来愚昧、迟钝、犹豫、消极、灰暗、不活跃、虚幻、粗糙、毁灭，以及引起惰性。显然，答磨会抑制萨埵和罗阇。

第四，三德具有基本的运行规律：它们相互主导、生起与合作。"相互主导"，即萨埵、罗阇与答磨都有机会占据主导、体现它们自身的主导性特征；"相互支撑"，即萨埵、罗阇与答磨不是分离的，而是彼此需要。缺乏罗阇与答磨，就不会有萨埵。同样，缺乏萨埵与答磨，就不会有罗阇；缺乏答磨，就不会有萨埵和罗阇。很多时候，人们会说答磨是不好的，甚至罗阇也是不好的，只有萨埵才是好的，于是排斥答磨和罗阇。不过，如果房子缺乏答磨，房子就倒塌了；大地缺乏答磨，大地就坍塌了；群山缺乏答磨，群山就消失了。如果你缺乏答磨，晚上就无法入眠。

"相互生起"，即一德的出现需要依靠另外两德。这个"生起"也是一种变化。三德始终在变化。我们只有在运动中才能理解三德，不能静态地去理解它们。

"相互合作"，即萨埵、罗阇与答磨三者不是各自发挥作用，而是相互伴随合作发挥作用。"三德相互伴随，无处不在。

萨埵伴随罗阇，罗阇伴随萨埵；萨埵与罗阇伴随答磨。三者从未合并或分离。"[1]

第五，三德演绎出我慢。我慢分为三种，萨埵我慢、罗阇我慢和答磨我慢。这三种我慢主要是基于三德中哪一"德"占据主导。萨埵占据主导就是萨埵我慢；罗阇占据主导就是罗阇我慢；答磨占据主导就是答磨我慢。

从萨埵我慢，演化出十一根，分别是五知根（感觉器官），即眼、耳、鼻、舌和身；五作根（行动器官），即口、手、足、肛门和生殖器官；还有就是意根。

从答磨我慢，演化出五唯，即土（地）、水、火、风、空。

罗阇我慢，则为萨埵我慢和答磨我慢提供动能。

第六，现实中，个体原人一直经历着"由老和死导致的苦，因为精身不灭"[2]。数论哲学主张，苦本身属于原质而不属于原人。原人不是三德，原人本质上是自由的，和苦乐无关。但是原人感到他"自己"是苦的，因为他忘记自己的身份是"原人"。他借助粗身和精身经验快乐、痛苦和虚幻。

---

① 自在黑著，瓦恰斯帕蒂·弥室罗注释，斯瓦米·维鲁帕克萨南达英译，朱彩红中译并补注：《〈数论颂〉译注》，成都：四川人民出版社，2022年，第97页。

② 自在黑著，瓦恰斯帕蒂·弥室罗注释，斯瓦米·维鲁帕克萨南达英译，朱彩红中译并补注：《〈数论颂〉译注》，成都：四川人民出版社，2022年，第309页。

以上是《数论颂》中的原人三德瑜伽思想，它们相对哲学化。而《薄伽梵歌》对三德思想的论述更加形象、清晰、可理解。下面的引文来自《薄伽梵歌》。

第一，原人和原质构成人。

"阿周那啊，我的原质是创造的子宫，我在其中放置了意识的种子，一切众生由此而得以出生。

"阿周那啊，在所有不同的子宫中，无论孕育出什么样的形体，原质都是给予他们身体的宇宙之母，而灵或意识则是给予他们生命的宇宙之父。"①

第二，人的束缚原因是三德。

"阿周那啊，善良、激情（或活动）和愚昧（或惰性），这原质的三德（或绳索）将永恒的灵魂束缚在身体上。

"在三德中，善良之德是纯粹的，因此明亮而有益。善良之德由于执着于快乐和知识而束缚住生命体，无罪的阿周那啊。

"阿周那啊，要知道，激情之德强烈渴望感官享受，它是物质欲望和执着的来源。激情之德由于执着于行动结果而束缚住生命体。

"阿周那啊，要知道，愚昧之德蒙骗生命体，它产生于惰

---

① 毗耶娑著，罗摩南达·普拉萨德英译并注释，王志成、灵海汉译：《薄伽梵歌》（注释本），成都：四川人民出版社，2015年，第270页。

性。愚昧之德以其粗心、懒惰和过度睡眠而束缚住生命体。

"阿周那啊，善良之德使人执着于学习和认识灵的快乐；激情之德使人执着于行动；愚昧之德因其蒙蔽自我知识而使人终日放纵渎职。"①

第三，三德是承载痛苦（轮回）的小船。

"善良占主导的人死后进入天堂，那是知晓至上者的纯粹世界。

"激情占主导的人死后，再生为执着尘世行动的人。愚昧占主导的人死后，再生为更低级的生物。

"有人说，善良的行动果实十分有益且纯粹；激情的行动果实是痛苦；愚昧的行动果实是怠惰。

"自我知识从善良之德中产生，贪婪从激情之德中产生，疏忽、虚妄和迟钝从愚昧之德中产生。

"立足善良的人前往更高级的世界或天堂；立足激情的人在这个尘世再生；立足愚昧的怠惰之人则去往更低级的星球或地狱。

"当远见者觉知到除了原质三德之外没有任何其他行动者，并知晓超越三德的至上者时，他们就达致涅槃或获得解脱。

"当一个人超越源自身体的原质三德时，他就达致不朽或获

---

① 毗耶娑著，罗摩南达·普拉萨德英译并注释，王志成、灵海汉译：《薄伽梵歌》（注释本），成都：四川人民出版社，2015年，第270—271页。

得解脱，并摆脱生老病死之苦。"①

第四，原质三德各有特征。

"阿周那啊，抑制激情和愚昧，善良占主导；抑制善良和愚昧，激情占主导；抑制善良和激情，愚昧占主导。

"当自我知识的光照亮身体的所有感官时，应该知道是善良占主导。

"阿周那啊，当激情占主导时，就会产生贪婪、活动、自私行动、不安和渴求。

"阿周那啊！当惰性占主导时，就会产生愚昧、呆滞、粗心和虚妄。"②

第五，通过虔信可以超越三德。

"阿周那说：主克里希那啊，那些超越原质三德的人有什么标志？他们如何行动？又如何超越原质三德？

"主克里希那说：超越原质三德的人，既不憎恨光明、行动和迷惑的出现，也不渴望它们消失；他一直像一位见证人不受原质三德的影响；他始终坚定地执着于主而毫不动摇——并认为只有原质三德在活动。

---

① 毗耶娑著，罗摩南达·普拉萨德英译并注释，王志成、灵海汉译：《薄伽梵歌》（注释本），成都：四川人民出版社，2015年，第274—276页。
② 毗耶娑著，罗摩南达·普拉萨德英译并注释，王志成、灵海汉译：《薄伽梵歌》（注释本），成都：四川人民出版社，2015年，第272—273页。

"谁以爱和坚定的虔信服务我，谁就会超越原质三德，并适于进入涅槃。

"因为我是不朽之灵（梵天）的来源，我是永恒的宇宙秩序（法）的来源，我是绝对极乐的来源。"①

综上，我们可以注意到，《数论颂》中的原人和原质是二元的，原人和原质都是独立的存在，都是客观的。而《薄伽梵歌》尽管采纳了数论哲学中的三德思想，但并不完全认同数论哲学。根据《薄伽梵歌》，三德是世界的动力因，也是质料因。作为动力因，三德和摩耶（maya）相等同，是一种幻力。这种幻力来自至上的自我；作为质料因，三德本身属于至上的自我。在《薄伽梵歌》中，原人和原质不是二元，作为显现者的三德并不是独立存在的，而是属于至上之我即梵。②

从生命管理的哲学实践角度来看，我们既可以从二元论的数论瑜伽来讨论，也可以从吠檀多瑜伽哲学来讨论。下面，我们首先从二元论的数论瑜伽来讨论。

原人和原质的结合构成了人。人的生命之所以需要自觉管理，是为了脱离各种痛苦。在数论瑜伽哲学中，人有三重苦，分

---

① 毗耶娑著，罗摩南达·普拉萨德英译并注释，王志成、灵海汉译：《薄伽梵歌》（注释本），成都：四川人民出版社，2015年，第276—279页。

② 需要告诉读者的是，《薄伽梵歌》对数论的改造，不是基于对《数论颂》的改造，而是基于对之前数论思想的改造。

别是依内苦、依外苦、依天苦。依内苦主要是身体痛苦和精神痛苦。身体的痛苦来自风热痰的失调，精神痛苦来自淫欲、愤怒、贪婪、痴迷、恐惧、嫉妒、悲伤和不认识特定对象。依外苦，是因外部作用导致的痛苦。依天苦则是由于超自然作用导致的痛苦。人要脱离这三重苦，就需要采取方法消除痛苦。①作为人，只要是原人和原质结合的状态，就很难避免痛苦。

数论瑜伽哲学体系的整体处理方式。基于《数论颂》，我们认识到原人和原质这两者是二元的。但是，我们作为"原人"，却认为我们就是原质三德，从而承担了原质三德带来的包括苦在内的所有一切。要脱离三德带来的一切，就要使原人和原质分离开来，原人不再受到原质的"干扰"，或原质不再是原人的"负担"，从而进入独存之境。而原质的存在就是为了服务原人获得这独存之境。根据《数论颂》，原人和原质之外并不存在其他对象。觉悟或自由或独存的根本就在于认识原人的真相，引导原人和原质分离。或者换句话说，当我们的"我"不再把自身认同于原质，我们就获得了当下的自在。自在黑说："由原质的变化引起的这种从大谛直到有差别的五大的演化是为了另一个的利益，尽管看似是为了原质自身的利益；演化的目的在于每个原

① 自在黑著，瓦恰斯帕蒂·弥室罗注释，斯瓦米·维鲁帕克萨南达英译，朱彩红中译并补注：《〈数论颂〉译注》，成都：四川人民出版社，2022年，第12页。

人的解脱。"① 为了说明这一点，自在黑通过三个类比来解释：
"分泌出牛奶来是为了滋养小牛，原质的活动是为了原人的解脱。"② "人们为了满足欲望而从事活动，未显者为了原人的独存而活动。"③ "舞女向观众展现自身后就停止舞蹈，原质向原人展现自身后就停止活动。"④

原质是非常谦恭的。因为，原质"知晓'我已被看见'，就不再进入原人的视线"⑤。这就意味，原人一旦意识到自己的身份，一旦认识到和原质的差异，原质就不会干扰原人，原人就可以获得自在、解脱。

原人本质上就是自由的。自在黑认为："原人从未受缚、从

①　自在黑著，瓦恰斯帕蒂·弥室罗注释，斯瓦米·维鲁帕克萨南达英译，朱彩红中译并补注：《〈数论颂〉译注》，成都：四川人民出版社，2022年，第316页。

②　自在黑著，瓦恰斯帕蒂·弥室罗注释，斯瓦米·维鲁帕克萨南达英译，朱彩红中译并补注：《〈数论颂〉译注》，成都：四川人民出版社，2022年，第320页。

③　自在黑著，瓦恰斯帕蒂·弥室罗注释，斯瓦米·维鲁帕克萨南达英译，朱彩红中译并补注：《〈数论颂〉译注》，成都：四川人民出版社，2022年，第324页。

④　自在黑著，瓦恰斯帕蒂·弥室罗注释，斯瓦米·维鲁帕克萨南达英译，朱彩红中译并补注：《〈数论颂〉译注》，成都：四川人民出版社，2022年，第326页。

⑤　自在黑著，瓦恰斯帕蒂·弥室罗注释，斯瓦米·维鲁帕克萨南达英译，朱彩红中译并补注：《〈数论颂〉译注》，成都：四川人民出版社，2022年，第331页。

未解脱，也从未轮回。正是原质作为各种演化的依托在轮回、受缚和解脱。"①这里作者告诉我们解脱和束缚的奥秘，注释者提供了一个精彩的解说："原人从未受缚、从未轮回，也从未解脱。因为作为众生之依托的原质在受缚、轮回和解脱。束缚、轮回和解脱只是被归于原人，就像胜败被归于国王，尽管实际上胜败属于士兵。虽然实际参战的乃是士兵，但承受胜败结局的却是国王，因为国王是士兵的依托。同样，虽然实际上经验和解脱属于原质，但因为缺乏这种分辨——原人完全不同于原质，经验和解脱被归于原人。"②

　　基于《数论颂》的数论瑜伽哲学，最终，只要原人觉知到自身就是自由的原人，而非受到三德运行束缚的原质，也就脱离了解脱这一生命问题。人，原本没有问题，既无解脱可以追求，也无束缚需要摆脱。基于《数论颂》的数论瑜伽哲学，生命的自觉管理就在于纠正对原人和原质的错误认知。

　　回到《瑜伽经》，我们可以看到，帕坦伽利其实是认同数论瑜伽哲学的，即人一旦认识到生命的真实身份，就可达至圆满。

---

　　①　自在黑著，瓦恰斯帕蒂·弥室罗注释，斯瓦米·维鲁帕克萨南达英译，朱彩红中译并补注：《〈数论颂〉译注》，成都：四川人民出版社，2022年，第335页。

　　②　自在黑著，瓦恰斯帕蒂·弥室罗注释，斯瓦米·维鲁帕克萨南达英译，朱彩红中译并补注：《〈数论颂〉译注》，成都：四川人民出版社，2022年，第335—336页。

生命的管理本质上也在于改变或调整或迭代我们对自我生命的认识。帕坦伽利说："瑜伽是约束心的波动。"[①]"（一旦约束了心的波动，）见者就安住在其自身的本性中。"[②]"不然，见者（依然）认同于心的波动。"[③]人们认同心的波动，在认知上没有意识到生命原本的见者（原人）身份，从而陷入痛苦中。

那么，如何产生认知的迭代，摆脱对心的错误认同呢？原人原质三德理论认为，可以通过哲学思辨，即充分认识到原人和原质之间的区别，认识到是原质在不断地演化。从我慢的角度来说，就要不断超越答磨我慢，进而再超越罗阇我慢，最后超越萨埵我慢。一旦超越了原质三德，生命就自然抵达了原人之自由之境。

接下来，我们从《薄伽梵歌》瑜伽哲学的一元论思想来理解三德。

《薄伽梵歌》承认人的构成有两个部分，即灵（原人）和原质。这在形式上和数论哲学类似。原质三德束缚了原人，是痛苦的根源。只要我们（原人）还没有觉悟，就没有获得自由，就必然还会受制于三德运行的限制，经验各种差异，经验喜怒哀乐

---

① 帕坦伽利著，王志成译注：《〈瑜伽经〉直译精解》，成都：四川人民出版社，2019年，第5页。

② 帕坦伽利著，王志成译注：《〈瑜伽经〉直译精解》，成都：四川人民出版社，2019年，第7页。

③ 帕坦伽利著，王志成译注：《〈瑜伽经〉直译精解》，成都：四川人民出版社，2019年，第8页。

等等。罗阇（激情）之德渴望感官的享受，是物质欲望和执着的根源。执着行动结果，就会束缚我们的生命。从生命管理的角度看，人需要脱离答磨（愚昧）之德因粗心、懒惰和过度睡眠而来的对生命的束缚；人需要脱离罗阇（激情）之德因执着行动的结果而来的对生命的束缚；人需要脱离萨埵（善良）之德因执着于快乐和知识而来的对生命的束缚。好坏、是非、善恶都会成为生命管理的障碍，只是它们对生命束缚的方式、状态和程度有差异。束缚就在三德的运转中。我们已经知道，原人没有解脱，也没有束缚。人们常说，自由在心意，束缚也在心意。而心意本身属于三德。因此，谈论自由，谈论束缚，本质上谈论的是原质范畴，与原人无关。生命，作为原人，没有束缚和解脱。《薄伽梵歌》哲学，用关于自我的知识来照亮生命，从而让生命脱离三德的遮蔽和限制。

《薄伽梵歌》认为，生命可以"超越"三德。只是，它所谈论的"超越"，具有一定信仰的因素。除了知识、行动等瑜伽之道外，它还认为虔信于至上者克里希那才能超越三德。但是《数论颂》代表的数论瑜伽哲学中，并不存在通过虔信方式达至对三德的超越。

无论怎样，不管是《数论颂》中的数论瑜伽哲学，还是《薄伽梵歌》中以吠檀多为主要背景的"数论思想"，它们都肯定生命的问题在于三德的"限制"。生命管理的根本就在于如何脱离三德的限制、局限、钳制。如果说，基于体质道夏理论的生命管理，主要归于身体维度的生命管理，那么数论瑜伽哲学涉及的主要是生命问题的终极解决，它较少涉及身体的维度。因此我们也可以把以数论瑜伽哲学为基础的生命管理归于生命灵性维度的管理。

第12章

# 三身五鞘

五鞘精微，层层包裹着

自我这个大宝剑。

瑜伽哲学中关于三身五鞘理论的系统论述，首先出现在《泰帝利耶奥义书》中。三身，指粗身（sthula sarira）、精身（suksma sarira）和因果身（karana sarira）①。五鞘，指粗身鞘（annamaya kosa）、能量鞘（pranamaya kosa）、心意鞘（manomaya kosa）、智性鞘（vijnanamaya kosa）和喜乐鞘

---

① 梵文sarira（身）的字面意思是会腐烂的东西，也就是说会消失的东西。对于我们人来说，要让这个身体持续时间长一些，就需要护理、关心和保护。

（anandamaya kosa）。一般而言，粗身鞘对应生命的粗身，能量鞘、心意鞘和智性鞘对应生命的精身，喜乐鞘对应生命的因果身。我们在《阿育吠陀瑜伽》中已经详细谈论了相关的经文。[①]这一章，我们结合商羯罗的《智慧瑜伽之光：商羯罗的〈分辨宝鬘〉》，来介绍三身五鞘瑜伽系统。

从经典的吠檀多不二论瑜伽哲学出发，商羯罗有一段总论："莎草丛生，遮蔽池中之水；五鞘覆盖，自我再难显现。移开莎草，清澈的池水便一览无遗。这水缓解焦渴之苦，使人顿生愉悦。五鞘全被消除后，自我得以显现。它纯粹；它的本质是喜乐——永恒且无限；它是内在的，至上的，洋溢着自生的光彩。为了除去束缚，聪明人要从自我和非我之间进行分辨。唯有通过分辨，他才知道他的自我乃是绝对的存在—知识—喜乐，并因此变得快乐。在诸感官对象和那内在的、不依附的、不活动的自我之间进行分辨，就像把小草的茎秆从包裹它的叶鞘里抽出来一样。这人无疑是自由的。他把一切都融入了自我，他和梵处在合一状态。"[②]也即是说，三身五鞘都不是真的自我，三身五鞘就如包裹着小草的众多叶子一样，只有那个茎秆才是真正的我。这个

---

[①] 参见王志成编著：《阿育吠陀瑜伽》（第二版），成都：四川人民出版社，2022年，第五章。

[②] 商羯罗著，王志成、曹政译注，陈涛校：《智慧瑜伽之光：商羯罗的〈分辨宝鬘〉》，北京：商务印书馆，2022年，第68—69页。

我才是真正的自我，也就是存在—意识—喜乐，也就是梵。

但是，尽管三身五鞘都不是真正的自我，但对三身五鞘的认识却十分重要。五鞘具体指的是什么？五鞘和自我的真实关系如何？如何处理每个鞘之间的关系？如何处理每个鞘和真正自我的关系？因为，只有了解这五鞘的功能、特点，我们才能通过有效管理五鞘来管理生命，最终通过这身体获得觉悟和自由。

第一，粗身鞘。

商羯罗说："我们这具身体是食物的产物，它构成粗身鞘；它依靠食物维生，离开食物它就会死掉；它是一团皮、肉、血、骨头和污秽之物，它绝不可能是永远纯粹、自存的阿特曼。"[①]也即是粗身是由食物构成的，也依靠食物维持，是一团皮肉等，但明确告诉我们这一粗身鞘不是真正的自我。

基于传统的吠檀多不二论，这一粗身鞘不是真正的自我。但是，我们需要认识到这粗身鞘是我们在这世上生活的小船。尽管这条小船并不是我们最终的目的地，但若是没有这条小船，我们就没有任何机会去横渡世界的大洋。所谓"人身难得"，说的就是这个道理。生命的管理，首先就要呵护好我们的粗身鞘。

"粗身鞘有始有终，它只在这始与终之间存在很短的时间，

---

① 商羯罗著，王志成、曹政译，陈涛校：《智慧瑜伽之光：商羯罗的〈分辨宝鬘〉》，北京：商务印书馆，2022年，第69页。

前此后此皆不存在。它的美德是暂时的，它本性多变。它形式繁复，它反应迟钝，它只是一个感官对象，与陶罐无异。"①商羯罗提醒我们，粗身鞘形式繁复，不是一种恒久的存在，只是一个暂时的感官对象。这就警醒我们，要更加重视这具粗身，让它为我们服务，发挥它应有的功能和作用。

当然，商羯罗哲学的重心并不在这具身体上，而是突出强调这个粗身不是真正的自我。就此，他谈到了三种人：愚蠢之人、书呆子和圣人。②愚蠢之人会觉得自己就是这具身体，书呆子会认为自己是身体和灵魂的结合，只有圣人才有分辨力，不认同身体，只认同自己是真正的自我即阿特曼。商羯罗认为，愚蠢之人因为错误而认同身体，而书呆子尽管可能精通吠檀多哲学，但同样因为错误认同，而不能获得生命的自由。就此而言，之所以生命的自由难以获得，是因为错误认同了这具粗身而没有真正有效地自觉管理生命。

尽管粗身必朽、不可永恒，但对于人的自由，粗身这条小船又很重要，是必然的载体和基础，我们应该学会第四种选择，做"第四种人"：既要生命的自由，也要呵护这粗身以期利用良好

① 商羯罗著，王志成、曹政注译，陈涛校：《智慧瑜伽之光：商羯罗的〈分辨宝鬘〉》，北京：商务印书馆，2022年，第70页。
② 商羯罗著，王志成、曹政注译，陈涛校：《智慧瑜伽之光：商羯罗的〈分辨宝鬘〉》，北京：商务印书馆，2022年，第72页。

的粗身这条小船高效渡过这世界大洋。这一选择首先不会是愚蠢之人的选择，因为这第四种人不会把这粗身认同为是人的真正自我。它也不是书呆子的选择，书呆子既认同粗身又认同灵魂，而这二者之间的张力和矛盾难以调和。它也不等同于商羯罗说的圣人的选择，商羯罗的圣人难以重视粗身的管理。

第四种选择和第四种人，重视粗身作为生命的工具性价值而对之进行自觉的有效管理，为的是实现生命在本体上对自我的真正认同。在生命的现实中，过分排斥身体而一味强调对真正的自我即阿特曼的认同，既不利于身体这条小船为觉悟而发挥出辅助的功能和促进作用，还会剥夺人在这世上领略梵的无限和真、善、美的显现，甚至参与这显现，融入真、善、美的显现中。觉悟自我非常重要，但是觉悟自我的目的不是为了毁灭身体，而是为了洞见自我真相后，更加慈悲地爱这世人，更加逍遥地生活在这世上，更加喜乐地参与梵的显现造化。只有这样，通过生命的自觉管理，才能彰显自我和终极者的伟大奥义。

第二，能量鞘。

能量鞘由普拉那（prana）和五个行动器官构成。作为一种能量，普拉那能量没有自我意识，它只是一种赋予活力的存在，即普拉那渗透粗身鞘。粗身鞘本身不会活动，但因为普拉那能量的渗透而变得像活的一样。

普拉那，总体上是一个能量系统。在总体的普拉那下，有五个次一级的普拉那，即瑜伽士们非常熟悉的命根气（prana）、上行气（udana）、平行气（samana）、遍行气（vyana）和下行气（apana）。根据阿育吠陀瑜伽的深入分析，命根气位置在心、头、脑、肺部、眼睛、鼻、舌头，主要功能是呼吸、吞食、打嗝、打喷嚏、吐（口水等）。上行气位置在脖子、喉、脐区、心肺，主要功能是发声、说话、唱诵、用力。平行气位置在脐区、胃、小肠、排泄流汗的通道，主要功能是消化食物、分离消化的食物、向下输送废物。遍行气发端于胸部，遍布全身，主要功能是影响血液和淋巴的循环，影响身体的运动以及血液外流和身体出汗。下行气位置在下腹、直肠、大肠、膀胱、生殖器、大腿、脐，主要功能是生胎儿时用力，让尿、大便、精液、月经往下流，向下使劲。

对我们来说，能量鞘层面的生命管理就在于如何处理这普拉那能量。能量系统的来源有很多，呼吸就是它的一个基本来源。要对普拉那能量进行有效管理，最基本也最方便的就是从呼吸开始，这即是瑜伽的调息之法。

能量鞘是否强大稳定，有先天的因素，但更多的还是后天的维护和管理。调息是对能量鞘的一种生命管理，《调息法70种》一书介绍了多种瑜伽调息法。我们可以根据个体实际的情况采取相应的调息法来实践、来管理、来平衡能量鞘。

第三，心意鞘。

感觉器官和心意构成了心意鞘。心意鞘可以通过渗透能量鞘而显现、展示自身。心意鞘被视为祭火，五个感官是祭师，它们提供欲望，而感官的诸对象则是供奉，心意则会点燃这祭火。瑜伽哲学认为，心意就是世界，世界就是心意。整个现象界都由心意带来。而人的束缚和自由也都基于心意。没有心意就没有束缚，也没有自由。而心意会迷惑个体自我这一纯粹的智性，并用身体、器官和普拉那束缚它，让个体自我带着"我""我的"观念，在它自己收获的各种快乐果实中游荡。我们的哲学，一直都强调要认识你自己。可是，又有多少人能真正认识生命的自我呢？我们最多听从哲学家们的意见，达成所谓认识自我的目标。但这最多是一种认识上的认可或接受，而不是生命的亲证。我们常常狂妄地认为自己就是我们的自我，但其实大部分情况下我们所认识的自我是我慢。追求真正自我的人应净化心意、保持平静。

在生命管理中，最大的困难就在心意鞘层面。《瑜伽经》的作者帕坦伽利，就把瑜伽定义为"约束心意（也可以称为心）的波动"。这个心意在创造着一切，也消融着一切，心意造就世界。就如我们的梦，我们会在梦里感受种种情绪和种种状态，就如我们醒着时经验的种种情绪和种种状态一样。在梦中，我们自己创造了诸多的世界，或欢喜或悲伤，或平淡或惊奇。梦中的一切物质、信息、能量、人物、自我的存在，似乎都是真实的，但其实它们都是心意的创造。

心意的管理并不容易。世界有多复杂，心意就有多复杂。心意不会停止，就如海浪，不断起伏，就如泡沫，不断涌现也不断消失。世界是心意的投射。心意的任何变化都会留下印迹，而这印迹影响深远。管理世界本质上也可以说就是管理人的心意。心意管得好，人的世界也就管好了。心意的稳定和变化，和许多因素有关。

一是和生命的体质有关，和构成生命的五大元素有关。一般来说，瓦塔体质的人心意波动性要大一些，而卡法体质的人的心意相对要稳定一些。

二是与能量鞘的稳定和平衡直接有关。《哈达瑜伽之光》就明确说，呼吸不稳则心意不稳；呼吸稳定则心意稳定。

三是和人的信念有关。信念或信仰坚定，心意就会比较稳定。

四是和人所处的环境有关。所处的环境变动快而多，心意就容易变动。

五是和人与人之间的关系有关。人是关系的动物，或者说是社会的动物、群居的动物，是摩耶之能量结出的网上的一个一个的结，或者是原质三德变动中的一个一个的节点。人际关系复杂、关系紧张或者不合等，都容易导致心意的强烈波动。本质上，处理心意鞘，就是要处理这些关系。

第四，智性鞘。

智性鞘由菩提（budhi）、菩提的变体如我慢以及感觉器官构成。智性鞘具有推理、判断、决策的功能。商羯罗说，智性鞘是原质的变体，具有认知功能，但它始终把自身认同于身体、器官，它借助纯粹自我（阿特曼）之光而发光，并产生个体自我（吉瓦，jiva，即小我）。智性鞘具有我慢的特征，具有醒态、梦态等状态，也会经历快乐和悲伤。从商羯罗的哲学主张可以知道，智性鞘并不是简单的认知、判断、决断，因为它也具备我慢的特征，是个体的自我。对智性鞘的管理，某种程度上就意味着对个体自我（小我、私我）/我慢的管理。

我慢具有不同层次，但它是自我中心的，似乎就像程序一样被编码在基因中。对我慢来说，生命的管理就是一场"斗争"。我慢非常聪明。我们斗来斗去，很可能就是我慢的自导自演。有人追求灵性，愿望十分强烈，但到头来却发现，正是我慢的狡猾，让我们忙于追求灵性的知识而迷失在知识的海洋中。没有瑜伽的智慧，很难摆脱我慢的诡计，也难以获得最终的自由。[1]

管理生命的智性鞘比心意鞘更难。智性鞘通过渗透影响心意鞘、能量鞘和粗身鞘。智性鞘的管理，其重点首先就是识别出

---

[1] 对我慢（私我、小我）诡计的深刻揭示，可以参考：Michael Langford, *The Most Direct Means to Eternal Bliss*, The Freedom Religion Press, 2008, chapter 2.

我慢的诡计，明白智性鞘的真相和影响。但是，在现实瑜伽实践中，我们需要保持足够的理智，理解智性鞘和心意鞘、能量鞘以及粗身鞘的关系，善用智性鞘。智性鞘，尽管它不是纯粹的自我，但它是阿特曼的显化。在生命的管理中，要善用智性鞘的光芒，来照亮心意鞘、能量鞘和粗身鞘，同时清楚这智性鞘的光来自纯粹的阿特曼。

第五，喜乐鞘。

喜乐鞘是绝对自我即阿特曼投射在生命内在器官中的喜乐之光，它是无明的变形，是一种叠置。其特征是快乐，这快乐是绝对喜乐的阿特曼的投射。在深眠态，喜乐鞘有着它最充分的展示。在梦态和醒态中，因目击了令人愉快的对象而造成部分喜乐的显现。

我们在现实中，能否经验那绝对自我的喜乐呢？一般情况下是不可能的。但对这个问题，人们有不同的观点。

第一种观点认为，人所能经验到的任何快乐都不是绝对自我的喜乐，因为，那绝对自我的喜乐不属于物质世界，不属于由原质构成的事物带来的喜乐。这种观点否定我们人的生命经验绝对自我之喜乐的可能。

第二种观点认为，人所经验到的任何快乐都是绝对自我的喜乐，喜乐都是绝对自我的，不管来自哪里，都是绝对自我的喜乐。可以说，生命所经验到的不同喜乐都是绝对自我之喜乐的不同维度。这种观点消除了生命是获得绝对自我之喜乐的中介。它把任何喜乐的经验都归于绝对的自我。这一观点和第一种观点刚好形成对立。

第三种观点认为，生命经验到的喜乐和绝对自我的喜乐有关。生命经验的任何喜乐往往和绝对自我的喜乐有一段距离，中间有一些遮蔽之物。这类似于哲学中的批判实在论立场。据此，生命的各种喜乐都在不同程度上体现了绝对自我的喜乐，只是经验的喜乐是有限的，就如阳光照下来，因为或厚或薄的云，绝大多数的阳光都被不同程度地遮蔽了。云层很厚或者天昏地暗时，我们能享受到的阳光很少；当自我被遮蔽时，我们能经验的绝对自我之喜乐也很少。而当云层很薄、遮蔽很少时，可以感受到更多的阳光；类似地，消除了自我的遮蔽时就能经验到更多的绝对自我之喜乐。

其实，生命对于绝对自我的喜乐，时时刻刻都能经验，但人们被遮蔽而难以经验。从更合理的角度来理解的话，可以说，我们确实能经验到绝对自我的喜乐，而经验的喜乐受到不同程度的遮蔽。但不能因为受到遮蔽，就否定我们能经验绝对自我的喜乐，而且我们也不能忽视我们的经验和绝对自我之间的遮蔽这一事实。

还有第四种观点。这一观点认为，我们所经验的一切喜乐是我们自身建构的，和绝对自我的喜乐没有关系。从语言哲学来看，世界依赖语言建构，我们生活在通过语言建构起来的世界中。我们每天经验的喜乐是人自足的，人的喜乐可被视为人自身系统内的喜乐，而非经验的喜乐。

从第三种观点来看，喜乐鞘的生命管理是要把各种各样的喜乐视为对绝对自我之喜乐的显现，遮蔽越少，呈现的喜乐就越强烈。从这一意义上说，我们没有什么喜乐的经验不是来自绝对自我之喜乐。正如诸奥义书说的，我们之所以经验喜乐正是因为我们真正的自我之自存、永存。

第四种观点对此看法不同。因为，你会感到喜乐，但其他人感受不到。喜乐也有可能是喜乐鞘内部自己的创造。或者说，喜乐鞘的本质是折射了绝对自我的喜乐，但正是因为是折射的喜乐，其中就包含大量扭曲的、变形的喜乐。这些喜乐的基质，可以说来自绝对自我，但本质上和绝对自我之喜乐不一样。喜乐鞘内部系统似乎可以建构自身的喜乐系统，就如游戏，我们通过玩游戏，就可以在游戏系统的内部建立我们游戏的喜乐。这个喜乐就来自人自身内部的自我创造，而不能直接等同于绝对自我之喜乐。更直接地说，很多喜乐并没有和绝对自我发生联结，而是五鞘系统内的，不管是通过语言还是图像或其他什么方式建构的，它们所带来的都是系统内的。正因为是系统内的喜乐，就使得人的内部出现无数喜乐的可能，而和绝对自我不发生任何关联。它们是自组织的，和我们追求的瑜伽终极目标和自我真相无关，可以持续沉浸在这种喜乐的维度或世界中，而这种喜乐轮回的游戏不会终止。

在第四种观点看来，对喜乐鞘的管理是一种自我管理。这种管理可以分两个层面：一是喜乐鞘系统内的管理，在这一管理中人们可以创造无尽的喜乐游戏，也有无限的开拓空间；二是突破喜乐鞘系统、和绝对自我联结的喜乐。前者是系统的维持，后者是系统的升级和上扬。前者可以去追求各种美好的生活，后者可以突破自我、走向终极的本体层面。

第13章

# 七大脉轮

*生命的螺旋。*

前面几章，我们分别从生命的体质道夏、原质三德、三身五鞘等角度来理解生命的管理。通过对三身五鞘的生命管理理解生命圆满的含义，明白如何根据体质管理道夏达成平衡，使得生命沿着水平维度扩展、随着垂直维度上升，在这个世上更加平衡而健康地生活。在这一章，我们从能量中心即脉轮的角度继续探讨生命管理。[1]

宇宙是个巨大的能量体。生命也是个能量体，是这个巨大的宇宙能量体中一个小小的单元，具有相对的独立性。宇宙和生命这两个能量体之间有中介隔离。生命的能量消耗需要宇宙能量来补充。食物、水、阳光等，都可以补充生命的能量。而另外一个能量的重要形式就是通过呼吸来获得能量。

生命这个能量体十分精微。在这个能量体中，最精微的就是脉轮。

脉轮（chakras），是传统瑜伽哲学中最为常见的概念。印度古代经典提到人体有88000个脉轮，其中大约40个脉轮相对重要。在这40个相对重要的脉轮中，有7个脉轮非常特别，它们分别是海底轮（Muladhara Chakra）、生殖轮（Svadhisthana Chakra）、脐轮（Manipura Chakra）、心轮（Anahata Chakra）、喉轮（Vishuddha Chakra）、眉间轮（Ajna Chakra）和顶轮（Sahasrara Chakra）。这七个重要的脉轮基本上沿着脊柱分布，对人的身心

---

[1]　一般情况下，人们谈的脉轮是和人体的经脉联系在一起的。通常情况下，从能量角度看，脉轮、经脉和穴位构成一个有机系统。脉轮是能量中心，而经脉是能量通道。我国的中医系统还区分了经和络。经（经脉）是主干，而络（络脉）是细脉、支脉。穴位是能量点。本书不具体探讨经脉的生命管理。读者如对这个主题有兴趣，可以参考中医经络理论以及阿育吠陀瑜伽中对经脉的理解。可以参见王志成编著：《阿育吠陀瑜伽》（第二版），成都：四川人民出版社，2022年，第170—183页。

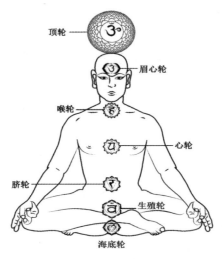

七大脉轮示意图

影响深远。

那么，究竟什么是脉轮？通常可以把脉轮理解为是人体中的能量聚集、协调、运行和转化中心。这个中心包括能量的进入、能量的转化、能量的协调、能量的输出，等等。一般来说，能量输入可以增强能量；能量输出导致能量减少或损耗；能量的转化引导能量下行或上行。瑜伽哲学的实践，如果偏重水平的维度，也就是偏重粗身，就会增强脉轮的能量，但不一定会提升脉轮。如果偏重垂直的维度、偏重三摩地或者偏重自我的觉醒，那就主要提升脉轮的能量。脉轮的增强和脉轮的提升，尽管关系密切，但在实践的方法上还是有差异的。增强脉轮，尤其是海底轮、生殖轮和脐轮的能量增强，可以带来健康。

脉轮能量的传输需要通过不同脉轮之间的通道即经络进行。经络可以被视为能量通道。最大的能量通道，就是中脉、左脉和右脉。左右脉分别主导着四条经络，中脉主导六条经络。[①]这些经络都是能量的通道。传统上，这些通道被理解为生命气血运动的通道。作为气血的能量在身体的不同部位还有着微型的聚集和转化之处，这些地方就是中医以及阿育吠陀瑜伽哲学中所说的穴位。但事实上，由于脉轮本身的复杂性以及功能的差异，经络传输的不仅仅是气血，也传导着不同脉轮本身以及其他层面的能量。根据瑜伽哲学，我们生命的心意、智性、喜乐等都是不同层面的能量形式。总体上，从海底轮到顶轮的能量转化可被理解为能量的圣化，而从顶轮到海底轮的转化可以被理解为能量的显化。但不管是处于低位的能量还是高位的能量，能量本身都值得敬畏。

脉轮能量的强弱取决于很多因素。首先是先天配置。从瑜伽哲学看，人的先天业力、出生时的环境背景、怀孕前后父母身心状况、社会环境，等等，都会影响人的先天脉轮能量。其次是后天的培育。母亲怀孕后十月怀胎期间营养、心情、身体等状况的

---

① 具体请参考王志成编著：《阿育吠陀瑜伽》（第二版），成都：四川人民出版社，2022年，第七章。

影响是明显的，阿育吠陀育儿科中就包含了这方面的生命管理技术。孩子出生后的身心培养，以及父母关系、亲子关系、营养条件、父母工作状况、情绪好坏等，都会影响一个人在成长过程中脉轮能量的强弱和平衡。

脉轮一般会出现下列几种情况：

1. 脉轮能量强大且平衡；

2. 脉轮能量强大但失衡；

3. 脉轮能量弱小但平衡；

4. 脉轮能量弱小又失衡。

脉轮的能量管理为生命的管理开辟了一个全新的视角。

## 一、海底轮

海底轮，Muladhara Chakra，也称为根轮、基础轮。其基本表征的意义：根基、支持、基础。它的象征是红色四瓣莲花。所在位置是会阴。对应的颜色为红色。对应的元素是土（地），具有扎根、接地之性质。在腺体上对应的是肾上腺，对应的粗身部位是脊柱、骨头、牙齿、指甲、前列腺、血管等。它和身体健康、强壮密切相关。海底轮能量紊乱，就容易生病。海底轮太弱或失衡，就容易出现这些症状：下腰痛、痔疾、便秘、坐骨神经痛、膝盖疼痛、肥胖、超重、沉溺（酒精、吸毒、性等）、抑郁，等等。据阿育吠陀观点，瓦塔体质的人，如果海底轮太弱或失衡，就容易便秘、直肠脱垂、痔疮、对未知者恐惧；皮塔体质的人，如果海底轮太弱或失衡，就容易腹泻、出血性疾病、过敏、溃疡性结肠炎；卡法体质的人，如果海底轮太弱或失衡，就容易大便黏结、直肠肿瘤、出现息肉等。

海底轮的生命管理，首先要对海底轮有一个真实而客观的认识，并进行种种锻炼和实践。海底轮是第一大脉轮。它对我们身体的健康和稳定极其重要。需要意识到，我们的存在需要根基。这个根基，通过强化海底轮可以达到。海底轮的强化有很多方法。海底轮的对应元素是土（地）。海底轮能量弱了，表示土元素不够强，需要补充土元素。我们可以通过饮食来增强土元素，例如可以多吃根茎类的食品。我们也可通过精微的方式吸收土元素，如赤脚在大地上行走，爬山，和岩石多接触。也可以通过合适的服饰来增加土元素，如穿黄色和棕色的衣服。

在运动方面，站桩非常殊胜。站桩有各种形式，大部分站桩都是合适的运动。站桩可以稳定根基，促进和大地的联结。有个比较简便的站桩，即苏摩站桩，是个比较合适的选择。具体方法是：处安静、空气清新之地，内八字站立，双脚与肩同宽，膝盖微屈，放松，肩膀打开，结苏摩手印。自然呼吸，无须观想，无念。站立15~30分钟。如有时间，可以延长站桩时间。站桩结束时，先放松身体，将口中出现的津液分三次徐徐吞到丹田（脐轮），观想有一团能量，能量变小，收入尾闾，收功。

苏磨手印示意图

瑜伽体位法方面，抱膝式（Apanasana）、桥式（Setu
Bhandasana）、蝗虫式（Salabhasana）、半蝗虫式、头触膝前屈
伸展式（Janu Sirsasana）、顶天式、战士一式、三角式等体位，
对于强化海底轮都是合适的。

另外，扎根练习也非常有益。具体方法如下：

在一安静之地，内八字站立，与肩同宽。微屈膝盖，放松。
打开肩膀，放松手臂，通过呼吸扩展胸腔。闭眼，深呼吸7次，
吸气时腹部鼓起，呼气时腹部放松。感受全身的放松。注意力集
中在双脚。双脚和大地母亲联结。扩展脚指头和脚底板，感受呼
吸。鼻腔缓长吸气，感觉从脚底板、涌泉、脚指头呼气（事实上
是鼻腔呼气）。如此呼吸7、14或21次。呼气时，双脚稳固联结大
地，想象你是正在成长的根，这根延伸到大地深处。这根将你和
大地有机地联结在一起。深呼吸，睁开眼睛。结束。

冥想也可以很好地促进海底轮的平衡和发展。找一安静的
房间，不受干扰。点上蜡烛，蜡烛最好是红色的。点上上好的香

或运用适合自身体质的精油。舒适地坐好，腰背挺直，面对蜡烛。结苏磨手印，凝视蜡光。看着蜡烛的光环，感觉你自己的光环包围着你的身体。看着蜡烛火苗柔和地跳动，感到是你自己的能量场。眼睛看着蜡光，感到围绕着你的是强大的宇宙普拉那，感到那光拥抱着你。你进入光。你就是普遍的宇宙之光。闭上眼睛，缓慢地深呼吸。让呼吸流遍全身，感受每个细胞的放松。把注意力带到体内，觉知体温、体重、和大地的联结。感受你的根基——脚、腿、臀部、生殖器，坐在大地母亲的双膝上。大地母亲抱着你，给你爱和支持。想象下面神秘的黑暗大地。想象你的自我从你的地基直伸大地的中心，不断伸展。想象你的自我进入大地温暖的腹部，进入她创造性的子宫。从你的根轮吸收她的力量、她的爱，以及对你的保护。让神圣的能量充满你的自我。感受大地母亲的脉搏。把你的整个存在转向大地的振动，感受大地在你身体里面的节律。知道你和大地为一，你和大地一体。如此静静地和大地能量之流对接。时间为15分钟。

海底轮的生命管理，重点在于稳定、根基。根基不牢，地动山摇。那些海底轮能量比较弱的人需要重点呵护和强化。

**二、生殖轮**

生殖轮，Svadhisthana Chakra，基本意义：甜蜜。它的象征是橙色的六瓣莲花。所在位置是骶骨。对应的颜色为橙色，元素是水。具有渴望之特征。在腺体上对应的是生殖腺，对应的相关部位是子宫、生殖器、肾、膀胱、肌肉。它和性欲、情绪认同、自我满足关系密切。生殖轮紊乱时，就容易产生自尊不足。生殖轮太弱或失衡，就容易出现这些问题：下腰痛、男性生殖疾病、妇科疾病、子宫肌瘤、膀胱炎、肾虚、肌痉挛。结合阿育吠陀瑜伽实践，我们就会发现，瓦塔体质的人，如果生殖轮太弱或失衡，就容易发生早泄、性变态、失禁、交媾疼痛。皮塔体质的人，如果生殖轮太弱或失衡，就容易发生尿道炎、膀胱炎、前列腺炎、肾炎。卡法体质的人，如果生殖轮太弱或失衡，就容易发生多尿症、前列腺炎、前列腺增生、糖尿病、肥胖。

生殖轮的生命管理，意味着对生殖轮要有个真实而客观的认识，进行种种锻炼和修习。生殖轮是身体的第二大脉轮，它对生命的自我满足极其重要。首先需要意识到，我们有一种深深的渴望，渴望得到一种满足，特别是在性的方面。这一渴望通过强化生殖轮可以达成。强化生殖轮有很多方法。生殖轮的元素是水，和情绪、性欲、快乐、滋养等关系密切。生殖轮不平衡或堵塞或失衡时，人的情绪反应会麻木、冷漠，自我封闭；过度活跃时，则会过度情绪化，迷恋富有性魅力的人，会有强烈的性饥渴。

对生殖轮的生命管理，可以实践强化和平衡生殖轮的练习。在瑜伽体位法中，女神式、摇摆骨盆、髋部转动、扭转三角式、舞王式等，都可以调理生殖轮。阿育吠陀瑜伽中的芳香疗法，也有助于调理生殖轮。依兰油、檀香油等都是不错的选择。依兰油是一种催情精油，具有多种功能。檀香油也是一种高级有效的催情剂，对于改善女性性冷淡、性无能，提升海底轮能量有效果。如果是恋人或伴侣，也可以学习和实践某些坦陀罗瑜伽功法。

中心能量的练习，也是一种对生殖轮生命管理的合适方法。具体方法如下：

这一练习可以站，也可以坐着进行。若坐式，则可以采取金刚坐等瑜伽坐法。站式，则需要脚肩同宽，放松全身。

先做3个深呼吸。释放你身体的紧张，把注意力集中在呼吸节奏上。然后，逐渐地把注意力转移到生殖轮，就是肚脐下大约3寸的地方（骶骨处）。这里是你的身体之中心。从生殖轮这个能量中心开始，想象能量依次沿着腹部、胸部上升，沿着肩膀、穿过手臂，到达双手。感受双手的能量。同时，要保持能量中心和能量感。吸气，手臂由前向上缓慢抬升，到达头顶，手掌朝外。注意力集中在呼吸上，开放身心，感受能量运动，想象自己正站在山巅，周围空气清新，充满宇宙的普拉那能量。这宇宙的普拉那能量随着你的呼吸进入到你的能量中心，随后扩散至身体的每一处。感受这样的能量流动。如此重复7次。呼气，手臂自然垂落，放松。

另外，生殖轮的冥想，是一种对生殖轮生命管理的高级方法。具体方法如下：

选一个安静的房间，避免干扰。房间可放些鲜花（不建议
塑料花，注意避开容易引起过敏的鲜花）。点上蜡烛，蜡烛的色
彩最好是橙色，点上上好的香或放点适合自身体质的精油。舒适
地坐好，腰背挺直，面对蜡烛。结苏磨手印，凝视烛光。看到蜡
烛的光环，感受自己的身体被光环包围。看着蜡烛火苗柔和地跳
动，感受自己的能量场。看着金色的光，感受自身被宇宙的金
色能量之光所包裹和支撑，进入那光中，感知自己就是那普遍
的光。

现在，闭上眼睛，深呼吸。感受你的呼吸透过你的全部存
在。能量跟随着每个呼吸，感受能量的运动。感受能量随着血液
从心脏流向全身，流向每个细胞，滋养每个细胞，净化每个细
胞，血液再次返回心脏。就如顺畅的河流一样，打开全身的各种
通道，让能量如水一般流动。你就在如水一般的能量之海中，感
受能量流遍你的整个存在，净化，滋养，丰盈，平衡！

### 三、脐轮

脐轮，Manipura Chakra，也称为太阳轮，基本意义：宝石之
城。它的象征是黄色的十瓣莲花。所在的位置在太阳神经丛。对
应的颜色为黄色，对应的元素是火。具有意志之特征。在腺体上
对应的是胰腺，对应的身体部位是消化系统，如胃、小肠、肝、

胆囊、脾脏。它和力量、自我认同关系密切。脐轮紊乱时，就容易产生活动减弱或活动过度。脐轮太弱或失衡，容易出现这些症状，如消化问题、食物过敏、溃疡、肝病。结合阿育吠陀瑜伽实践，我们会发现，瓦塔体质的人，如果脐轮太弱或失衡，就容易消化不稳定、吸收不良、小肠蠕动过速；皮塔体质的人，如果脐轮太弱或失衡，就容易产生肝炎、脾炎、局部性回肠炎、腹泻、痢疾、发烧、皮疹；卡法体质的人，如果脐轮太弱或失衡，就容易患上肠道黏液、阿米巴病、贾第虫病、糖尿病、胆结石等疾病。

脐轮的对应元素是火，与力量、意志、能量、代谢、转化有关。当脐轮平衡、活跃时，我们就会感到生命的一切都可以把控，自信心强烈。当脐轮不活跃时，会感到被动、犹豫，缺乏自信，难有获得感、成就感。而如果脐轮过度活跃，则会产生强烈的控制欲和攻击欲。恐惧、不安、嫉妒等情绪，都和脐轮有关。另外，压力太大，脐轮就容易失衡，从而感到压抑、不安、缺乏自信。

对脐轮的生命管理，我们可以做强化和平衡脐轮的习练。瑜伽体位法，如伐木式、弓式、船式、单板式、仰卧起坐、骆驼式等体位，都有助于脐轮的强化和平衡。还可以实践阿育吠陀瑜伽的芳香疗法和按摩。可以选用迷迭香、薄荷油、黑胡椒油等精油。可以按摩腹部（神阙、气海、关元三个穴位所在区域），顺时针、逆时针各36次。也可根据个人体质差异选用合适的精油进行3~5分钟的推油。

人的情绪紧张和大小波动，都会对脐轮带来伤害。以行动瑜伽不执的态度，来处理事物和人际关系是一种很好的艺术，更是一种至高的行动哲学，也是克里希那在《薄伽梵歌》中推荐的生命的瑜伽哲学。

卡法体质的人，圣光调息或风箱式调息（火呼吸）是比较合适的脐轮生命管理实践。而瓦塔和皮塔体质的人，则不宜多练习这两种调息法。这里，简单介绍风箱式瑜伽调息。具体方法如下：

Bhastrika，意思是风箱。风箱式调息法，就是连续快速地呼吸，就像铁匠拉风箱一样。风箱式调息法可增强体内普拉那能量流动，增加胃火。风箱式调息法也可分为三个阶梯。

第一阶梯：

第一，舒适的坐式，身心放松，结苏磨手印，自然呼吸3~5次；

第二，双侧鼻腔快速而有力地吸气和呼气。吸气和呼气时，腹部有节奏地配合扩张与收缩。

第三，连续呼吸5~15次为一轮。最后以呼气结束。

第四，自然呼吸，屏住气3~5秒，可以做若干次，然后进入下一轮。

第五，可以做5~8轮。随着习练的熟练和加深，可以增加习练轮数。

第二阶梯：

第一，舒适的坐式，身心放松，结苏磨手印，自然呼吸3~5次；

第二，双侧鼻腔快速而有力地吸气和呼气。吸气和呼气时，腹部有节奏地配合扩张与收缩。

吸气和呼吸时，有意识地关闭部分鼻腔。开始这样练习时，感觉可能不明显。但通过不断地练习，慢慢会感受到部分鼻腔的关闭。

第三，连续呼吸5~15次为一轮。最后以呼气结束。

第四，自然呼吸，屏住气3~5秒，可以做若干次，然后进入下一轮。

第五，可以做5~8轮。随着习练的熟练和加深，可以增加习练轮数。

第三阶梯：

第一，舒适的坐式，身心放松，结苏磨手印，自然呼吸3~5次；

第二，双侧鼻腔快速而有力地吸气和呼气。吸气和呼气时，腹部有节奏地配合扩张与收缩。调息期间，右手大拇指和无名指轮流关闭鼻腔。

第三，连续呼吸5~15次为一轮。最后以呼气结束。

第四，自然呼吸，屏住气3~5秒，可以做若干次，然后进入下一轮。

第五，可以做5~8轮。随着习练的熟练和加深，可以增加习练轮数。

需要提醒的是，患有高血压、心脏病、中风、癫痫、脑瘤、头晕、消化系统疾病，以及严重眼、耳疾病的人，不适合实践风箱式调息法。呼吸系统患有疾患的人，如哮喘、慢性支气管炎、肺结核等患者，则要在合格的导师或瑜伽教练指导下才可进行。另外，处在经期或孕期的女性也不宜练习这一调息法。

还有一种脐轮喜乐法，可以用于脐轮的生命管理。具体方法如下：

站着、坐着、躺着皆可。静静地用意念引领我们的脐轮发笑。觉知肚脐区域能量不断升起，知道那不断升起的能量就是我们喜乐的本性，这个内在能量本身就是永恒的喜乐：我们曾经是喜乐，我们现在是喜乐，我们未来还是喜乐。

脐轮冥想，也有助于管理脐轮。具体指导如下：

在一个安静的房间，避免干扰。点上蜡烛，点上上好的香（如檀香）。舒适地坐好，腰背挺直，面对蜡烛。结苏磨手印，凝视蜡烛：灯芯好似身体，火焰就是能量鞘，金黄色的光则是宇宙的生命力（普拉那）。凝视光，让你的自我融入光中，你就是那遍在的光。闭眼，心中感受到那金黄色的火苗。随着呼吸，内观，火苗轻轻摇曳，感受身体散发出的温暖。每个细胞都接收到金黄色的、振动的能量。注意力集中在脐轮，这是身体能量之火的源头。想象金黄色的火苗。然后，想象闪闪的太阳，想象巨大而美丽的火能量。这个能量提升你，越来越高。感受它的巨大温暖和力量。这个力量烧尽一切障碍和病痛、差异、遮蔽等，净化一切，也圣化一切。

## 四、心轮

心轮，Anahata Chakra，基本意义：不受打击。它的象征是绿色的十二瓣莲花。所在的位置在心脏后面胸腔的中心。对应的颜色为绿色，对应的元素是风。具有慈悲之特征。在腺体上对应的是胸腺，对应的相关部位是心、肺、手臂、手。它关乎社会认同、自我接纳。心轮太弱或失衡时，就容易导致心脏疾病、肺病、高血压、哮喘、过敏、疲劳、乳腺癌、支气管性肺炎、免疫力弱。结合阿育吠陀瑜伽，我们会发现，瓦塔体质的人，如果心轮太弱或失衡，就容易产生心悸、心跳过速、心律不齐、心中恐惧；皮塔体质的人，如果脐轮太弱或失衡，就容易患上高血压、心肌炎、心内膜炎、胃灼热、恶心、呕吐、愤怒、过敏；卡法体质的人，如果脐轮太弱或失衡，就容易心动过缓、心肌肥大、高血压、高胆固醇、抑郁症。

心轮的元素是风，掌管爱、善良、温柔等情感。心轮开启，就会具有同情心、友爱，人际和谐。心轮不活跃，导致冷漠，与人保持距离，缺乏信任。心轮过于活跃，则他的爱会让自己或他人窒息，并伴随潜在的自私。不能堵塞心轮的能量，否则容易导致感情不平衡。

心轮的生命管理，在瑜伽体位方面，扩胸式、眼镜蛇式、鱼式、风车式、蝗虫式、猫式、牛面式等，都是适宜的。芳香疗法和按摩也有助于心轮，可选用玫瑰精油。也可给膻中穴进行顺时针、逆时针各36次的推拿。也可双手交叉，两拇指并列，敲打膻中穴36次。或根据体质选合适的精油，按摩膻中穴3~5分钟。

还可以通过培养大爱精神来促进心轮之发展。具体内容涉及：对至上者充满爱心和信任，过一种心系至上的爱的生活——可以念诵、阅读、服务、仪式、冥想等。培养大爱，要从小爱开始。对周围的植物、小动物、同事、朋友、家人、陌生人、大地、森林、湖泊、海洋、岩石，等等，带着一种爱去联结。爱的意识的培养和实践，对人的内在和外在之健康都有重要意义。

心轮冥想，是心轮生命管理中的一种殊胜方法。具体方法如下：

在一个安静的房间，避免干扰。房间里可以放些鲜花（不建议塑料花，注意避开容易引起过敏的鲜花）。点上红蜡烛或绿蜡烛，点上上好的香或放点精油。舒适地坐好，腰背挺直，面对蜡烛。结苏磨手印，凝视烛光，看着蜡烛的光环，感受自己的生命之光笼罩着自己的身体。看着蜡烛火苗柔和地跳动，感受你自己的能量场。凝视光，让自我融入光，要知道你就是那遍在的光。

轻轻闭上眼睛，注意力集中于一呼一吸上。感受胸腔的扩展和收缩。感受新鲜的空气依次进入鼻腔、喉咙、胸腔、腹部。感受空气依次离开腹部、胸腔、喉咙、鼻腔。如此来回觉知7次。开启你爱的心房。放松你的身体，心意平静，你的爱高高升起。完全开启心扉，打开心轮，清新的风吹遍你的整个存在，净化你的存在，把你从所有的限制中解放出来。你自由，就如自由飞翔的鸟。你的身体是光，充满了爱。爱和喜乐内在于你，遍布你的每个细胞。爱笼罩着你。心扉更加打开，就如宇宙之子，接受宇宙所有的爱和慈悲，接受一切的爱和慈悲。感受灵魂中爱和慈悲的振动，体验爱向四面八方像光一样散发。

## 五、喉轮

喉轮，Vishuddha Chakra，基本意义：净化。它的象征是蓝色的十六瓣莲花。所在的位置在喉咙。对应颜色为蓝色，对应的元素是空。沟通性是其特征。在腺体上对应的是甲状腺、副甲状腺。对应的相关部位是喉咙、耳朵、嘴巴。它和创造、沟通、自我表达关系密切。喉轮太弱或失衡，就容易产生咽喉痛、失声、甲状腺问题、口腔溃疡、牙齿和牙龈问题、头痛、耳朵感染。结合阿育吠陀瑜伽，我们会发现，瓦塔体质的人，如果喉轮太弱或失衡，就容易患上甲状腺功能不稳定、声音沙哑、口吃、语言障碍、悲伤。皮塔体质的人，如果脐轮太弱或失衡，就容易产生甲状腺功能亢进、甲状腺炎、喉炎、咽炎、吞咽困难、莫名愤怒。卡法体质的人，如果脐轮太弱或失衡，就容易患上甲状腺功能亢进、甲状腺肿大、声音沙哑、莫名的抑郁感。

喉轮的元素是空，掌管自我表达和语言、沟通。喉轮平衡，自我表达和人际沟通能力就较强，甚至成为辩才。喉轮不活跃，就会内向，不愿说话，或不敢说话。喉轮过于活跃，则会喋喋不休，不愿倾听，喜欢在言语上控制他人，得理不饶人。

对喉轮的生命管理，在瑜伽体位方面，可以练习狮子坐、颈椎式、肩倒立、犁式、鱼式、弓式、坐立前屈等。也可以用鼠尾草精油进行芳香疗法。

对喉轮的管理，还有一种独特的方法，即禁语。也即是，在一定时间内，什么也不说，保持静默。不同人，对喉轮的使用很不一样。有的过度利用喉咙而能量不足，甚至导致喉咙沙哑，最厉害的导致喉癌。保护喉咙，发展喉轮，最简单的就是不定期禁语。在阿育吠陀瑜伽中，禁语是一种自我疗愈法。

调息也有助于喉轮。可以用喉式调息法即乌加依住气法。这一住气法分四个阶梯，这里，我们只介绍其中一个阶梯：

第一，仰卧。也可以采纳站式、坐式，甚至在漫步时习练。但仰卧或坐式效果更好。

第二，放松，做3个自然呼吸。

第三，从双侧鼻腔缓缓地吸气，吸气时带着声音（这是因为关闭了部分声门），感受命根气在喉咙和心脏之间的运行。

第四，住气，感受能量到达头发、到达指尖。

第五，用鼻腔呼气。

在练习中可以适当延长吸气、住气和呼气的时间。这三者的比例，首先可以是1∶1∶1，再逐渐达到1∶1∶2，甚至最后达到1∶4∶2。不过，吸气、住气和呼气的比例一定要根据自身的能力和体质来调整，切不可强求。

喉轮冥想对于生命管理十分有益。

在一个安静的房间，避免干扰。点上蜡烛，蜡烛最好是天蓝色的，点上上好的香或放点精油，净化空气，消除消极能量。舒适地坐好，腰背挺直，面对蜡烛。结苏磨手印，凝视蜡光。看到烛光，穿越光，让光扩展，笼罩你。凝视光，让自我融入光，要知道你就是那遍在的光。闭上眼睛，观察发生在你身体里、呼吸里、神经系统里、意识里、能量场里的变化。觉知所有不同的感觉。感受能量的振动。呼吸时，聆听能量的精微振动之声。不断聆听这一声音，这是你自己独特的疗愈性声音。这声音直接将你和空元素联结在一起，感受能量不断充满，沉浸在这巨大的能量中，接受一切恩赐，感恩一切获得。

## 六、眉间轮

眉间轮，Ajna Chakra，基本意义是觉知。靛蓝的两瓣（每瓣有四十八小瓣）莲花是它的象征。对应的颜色为靛蓝；沟通性是其特征。在腺体上对应的是松果体，对应的相关部位是眉心稍微上面。它和智慧、内视、自觉关系密切。眉间太弱或失衡，就容易导致学习困难、脑瘤、眼盲、耳聋、阅读障碍、做噩梦、失眠症、偏头痛、视线模糊、眼睛疲劳。结合阿育吠陀瑜伽，我们会发现，瓦塔体质的人，如果眉间太弱或失衡，就容易患上荷尔蒙失调、失眠、无决断力、不规则的瓦塔类型头痛。皮塔体质的人，如果眉间太弱或失衡，就容易患偏头痛、垂体机能减退（症）、攻击性。卡法体质的人，如果眉间太弱或失衡，就容易嗜睡、窦性头痛和瘀血、睡眠呼吸暂停综合征、垂体机能减退（症）。

　　眉间轮对应心意。眉间轮活跃，知觉力和直觉力就会很好，并拥有强烈的想象力。眉间轮不活跃，就容易依赖外在对象，缺乏理性判断力。眉间轮过于活跃，则会生活在自己的直觉、知觉世界中，容易和外界隔离，甚至有时生活在幻觉中。

　　对眉间轮的生命管理，就瑜伽体位法，可以做下犬式、莲花坐状态下的前额触地式、犁式等。也可以通过薄荷、茉莉等精油，进行芳香疗法和按摩，方法是在印堂处（眉心轮位置）顺时针、逆时针各按摩36次。

　　眉间轮的冥想，对于生命的管理也十分有益。具体方法是：

　　在一个安静的房间，避免干扰。点上蜡烛，蜡烛最好是靛蓝色的，点上上好的香或放点精油，净化空气，消除消极能量。舒适地坐好，腰背挺直，面对蜡烛。结苏磨手印，凝视烛光，穿越光，让光扩展，笼罩你。凝视光，让自我融入光，要知道你就是那遍在的光，是纯粹的振动能量。轻轻闭上眼睛，进入冥想状态。缓慢轻松地呼吸，放松全身。意识集中于根轮，注意那色彩是红的，让那红色的光注满你的存在。意识上升到生殖轮，注意那色彩是橙色的，让橙色的光注满你的存在。意识上升到脐轮，注意那色彩是黄色的，让黄色的光注满你的存在。意识上升到心轮，注意那色彩是绿色的，让绿色的光注满你的存在。意识上升到喉轮，注意那色彩是蓝色的，让蓝色的光注满你的存在。意识上升到眉间轮，注意眉间处的各种色彩全部融合了。在那背景中看见金色的月光，或许会出现明月。吸收所有振动的能量，充满感恩地离开那境地。

## 七、顶轮

顶轮，Sahasrara Chakra，基本意义是一千（瓣）。紫色的千瓣莲花是其象征。所在的位置在头顶百会。对应的颜色为紫色；自由是其特征。在腺体上对应的是脑下垂体。它和圆满、实现关系密切。顶轮太弱或失衡时，就容易导致对自身灵性本性的无知，容易患抑郁症、麻痹、身体各种硬化。结合阿育吠陀瑜伽，我们会发现，瓦塔体质的人，如果顶轮太弱或失衡，就容易缺乏专注力、患先天性癫痫症，容易失眠、出现幻象。皮塔体质的人，如果顶轮太弱或失衡，就容易好批判、追求完美主义、执着成功、控制、虚幻、出现自杀念头。卡法体质的人，如果顶轮太弱或失衡，就容易厌倦、抑郁、出现幻象。

顶轮对应纯粹意识，在其中，二元对峙消失，小我融于大我。此轮平衡，就可以经验合一感，小我消融于至上意识。顶轮不平衡，就会容易陷入抑郁等境地。

对顶轮的生命管理，瑜伽体位法方面，头倒立、肩倒立、鹤式、坐着的山式、变体头倒立等都适合。但是，头倒立这类瑜伽体位法，对于体质和身体本身的状态要求较高，一般人并不适合。做这类瑜伽体位时，必须要在合格的教练指导下才能进行。芳香疗法是方便的行法，可以采用薰衣草、月桂等精油。

顶轮的生命管理，最有效、最合适的方式是智慧瑜伽。可以跟从合格的导师学习智慧瑜伽，通过智性达到自由之境。这方面，若读者自学，可以阅读经典：《智慧瑜伽：商羯罗的〈自我知识〉》《瑜伽喜乐之光——〈潘查达西〉之"喜乐篇"》《直抵瑜伽圣境——〈八曲仙人之歌〉义疏》《至上瑜伽——瓦希斯塔瑜伽》《薄伽梵歌》《智慧瑜伽之光：商羯罗的〈分辨宝鬘〉》等都是合适的。

顶轮冥想，也是一种不可或缺的生命管理方式。具体方法是：

在一个安静的房间，避免干扰。点上蜡烛，蜡烛最好是紫色的，点上上好的香或放点精油，净化空气，消除消极能量。舒适地坐好，腰背挺直，面对蜡烛。结苏磨手印，凝视烛光，穿越光，让光扩展，笼罩你。凝视光，让自我融入光，要知道你就是那遍在的光，是纯粹的振动能量。自然呼吸，呼气时，头脑中发出Om（唵）声，这声音逐渐向整个头部、全身、周围环境、整个世界、整个宇宙扩展。安住在无限的Om声波中，感受无差异的无限能量。你就是一切，一切就是你。


以上4章，我们讲解了生命管理中四个重要方面的进路。道夏体质部分，主要管理我们的肉身；原质三德，主要管理我们的德性。三身五鞘，是对生命不同维度的管理。而七大脉轮，则是对我们各个能量中心的管理。

也许我们没有办法去同时实践生命管理的所有方面。但是，对于我们人的生命，我们还是要有一个整体把握，然后才能结合自己的身体和体质，选择合适的管理方式和实践法。原质三德，对大部分人来说，是先天性的。若不去自觉干预和调整，生命就可能如木偶一样任由潜在的业力推动着。必须要通过瑜伽实践，努力将我们的德性重心，从答磨状态提升到罗阇状态，再提升到萨埵状态。三身五鞘的思想最初来自奥义书，蕴含着生命管理的各个维度。对每一鞘的管理，都代表着对某个世界的管理。在脉轮的生命管理中，每个脉轮也代表了某一个世界，生命的能量层级也随着脉轮的上升而不断改变和上升。

　　我们具体的个人，可以通过上述四个方面进行选择性实践，在水平维度上、在垂直维度上，不断提升我们的生命。

第四篇 **Part Four**

# 成长的道路

你必须知道，这身体是一个衍生物。
若没有根，它就什么也不是。

——《唱赞奥义书》

生命需要不断成长。生命的成长需要管理。生命的管理有着不同维度和不同的技术。实践的技术到了一定程度，就近乎那个道，最终也就成就了道。

　　我们可以看到，瑜伽的哲学传统可以追溯至上古时代。在古老的吠陀文献中，就有瑜伽。到了森林书、奥义书的时代，我们可以发现相当哲学性的瑜伽实践。但一直到了帕坦伽利《瑜伽经》的时代，我们才看到一个非常系统而完整、成熟的生命管理系统。在这一篇中，基于帕坦伽利《瑜伽经》哲学，具体谈谈达成"三摩地"这一目标的生命管理哲学实践。

第14章

# 瑜伽八支基础

选择比努力重要。

八支模式是超越具体哲学的实践范式。

在瑜伽的历史长河中，生命的管理模式或者谱系不止一种。一般地说，可以大致归纳为下面若干种：行动瑜伽、虔信瑜伽、胜王瑜伽、哈达瑜伽、智慧瑜伽等。

行动瑜伽（karma yoga），这是一种不执着任何行动之结果的瑜伽实践。这种瑜伽实践，无须特别仪式，没有体位法或者调息法，无须冥想等，但需要不执着的智慧，且这不执的智慧内化于心，如此才能产生对任何行动之结果都不执的生命态度。这种瑜伽，也可表现为多种形态。例如，一是心中存有至上之自我，并把这至上自我作为自己的上主，信任这位上主，轻松地把自己一切行动的果实都奉献给他。正因为没有了负担或者对行为结果负责的重担，也就没有了种种烦恼，从而实现自由之境。还有一种则是出于对众生的慈悲、保持众生平等、众生一如的理念，这样的人，可能并不是某种信仰者，而只是人文主义者。行动瑜伽首先是一种心态哲学，这种哲学的心态可以成为生命管理中的"灵魂"。

虔信瑜伽（bhakti yoga），这是一种基于对至上之主的虔信，把生命的一切都围绕着至上之主的瑜伽实践。与行动瑜伽把至上自我视为是自己的上主类似，虔信瑜伽也需要一位上主，因为无限信仰从而完全依托，把生命的重负转移、交托给这位上主，从而不再受限于自身私我，而达至生命的圆满。

胜王瑜伽（raja yoga），这是一种主要基于对心意进行管控、约束的瑜伽实践，在道德层面瑜伽实践基础上，特别通过不同层次的瑜伽冥想从而达成原人（纯粹自我）和原质（物质自然）的分离，获得生命的自由。

哈达瑜伽（hatha yoga），这是一种基于对生命能量进行管控的瑜伽实践，主要是通过身体来努力达成生命的圆满境界。这一瑜伽实践形态，是当下世界大众瑜伽的主流形态，并且，围绕着哈达瑜伽谱系，衍生出不同的哈达瑜伽实践之方法。

智慧瑜伽（jnana yoga），这一瑜伽基于对真与非真之间的智慧分辨，明白我们人的生命的真正身份是纯粹的自我，是至上阿特曼，也就是梵。或者，通过智慧分辨，理解原质三德和人的自我之间的真正关系，摆脱三德对生命的钳制和局限，获得人真正的自由和喜乐。

从生命管理的瑜伽实践角度来看，哈达瑜伽涉及生命工程中的粗身鞘和能量鞘，胜王瑜伽和行动瑜伽涉及心意鞘，智慧瑜伽则涉及智性鞘，虔信瑜伽涉及的则是喜乐鞘。不同类型的瑜伽哲学实践，某种程度上代表着它们对生命管理不同的维度或者说管理对象的不同侧重，终极来讲，各种形态的瑜伽哲学都是为了有效管理我们的生命，而达成人的圆满。

帕坦伽利瑜伽，一种古典的瑜伽，也称为阿斯汤加瑜伽或八支瑜伽，是瑜伽家族谱系中重要的一支。帕坦伽利八支瑜伽极为重要，甚至在哲学上被称为独立的瑜伽派。

在不同经典中，具有不同的瑜伽哲学实践形式。例如，《弥勒奥义书》，一部重要的奥义书，其中就出现了六支瑜伽："调息、制感、沉思、专注、思辨和入定。"[①]哈达瑜伽的经典《牧牛尊者瑜伽百论》，提出哈达瑜伽六支分法。《哈达瑜伽之光》提出了瑜伽四支。而《格兰达本集》则提出瑜伽七支，分别是：净化、体位、身印、制感、调息、冥想和三摩地。而另一部哈达

---

① 黄宝生译：《奥义书》，北京：商务印书馆，2010年，第377页。

瑜伽的经典《雅佳瓦卡亚瑜伽》，我们可以看到它提出的瑜伽八支，同帕坦伽利瑜伽八支一样，它们分别是：禁制、劝制、体位（坐法）、调息、制感、专注、冥想和三摩地。

《雅佳瓦卡亚瑜伽》中的瑜伽八支和《瑜伽经》中的瑜伽八支，它们的形式是一样的。不过，细心的读者可以发现，《雅佳瓦卡亚瑜伽》和《瑜伽经》，它们的基本哲学立场是不同的。《雅佳瓦卡亚瑜伽》的瑜伽哲学立场是吠檀多哲学，而《瑜伽经》的瑜伽哲学本质上则是数论哲学。《阿育吠陀瑜伽》一书专门谈到八支瑜伽是一种实践范式，并不只是一种哲学模式，只是这种实践范式建立在瑜伽哲学这座大厦之上。换言之，无论是《瑜伽经》还是《雅佳瓦卡亚瑜伽》，八支模式是一种实践形式，八支的每一支，其内容并不固定，背后的哲学基础也不固定。《雅佳瓦卡亚瑜伽》的八支，其最终的目的是达成人的"梵我一如"这一瑜伽最高境界，并且这一思想和奥义书传统保持一致。而《瑜伽经》的八支，其最终的目的是通过原人（纯粹自我）和原质（自然）的"分离"而达成三摩地这一瑜伽之境。

我们要清楚，尽管吠檀多哲学和数论哲学是不同的哲学思想体系，但它们的终极目标都是为了人，为了人的自由和解放。尽管它们的哲学主张不同，但我们从生命的实践这一重要甚至唯一的角度出发——因为我们人，除了生命、除了这个世界，再没有其他的东西了，再没有其他的去处了——人的自由，是我们每个生命唯一的终极追求。生命的瑜伽哲学实践，必须跳出《雅佳瓦卡亚瑜伽》和《瑜伽经》等不同学派彼此之间基础哲学的差异。而要从生命的实践、生命的管理、生命的终极目的这一共同点出发，走出一种跨越基础哲学的科学的瑜伽哲学实践范式。

八支瑜伽哲学实践范式的特点，大致可以归纳如下：

第一，八支瑜伽哲学实践范式跳出具体的基础哲学，无须把这一范式和背后不同的哲学主张联系在一起。但是，瑜伽实践的目标则始终是为了生命的，为了人的自由和解放。当然，实践中，若有瑜伽士持有某种基础的哲学主张、在其哲学主张基础上去实践瑜伽，也应该受到尊重。

第二，八支瑜伽哲学实践范式作为一种系统的实践方法，从最初的禁制和劝制直到最后的三摩地，是一个循序渐进的过程。禁制代表社会的行为规范，劝制代表个人的行为规范，体位法（坐姿、坐法）代表身体的规范，调息则是能量的规范，制感代表感觉器官和行动器官的规范，专注和冥想代表心意的规范，而三摩地则是生命的终极规范。

第三，八支瑜伽哲学实践范式是一种功能主义为主的实践方法。这一实践，主要关注的是通过生命的管理转变生命的状态——这一状态就是生命的健康、喜乐，以及终极的生命自由。

当然，正如《唱赞奥义书》说的，身体是一个衍生物。若没有根，它就什么也不是。如果通过瑜伽哲学找到身体的根，那也是瑜伽之道上的重要收获。

第15章

# 从外支起步

透过你的身体看到一个新世界。

身体是一种获得，也是一种再造。

八支瑜伽哲学实践范式，一般可分外支和内支。一般情况下，禁制、劝制、体式（体位、坐姿、坐法）、调息为外支，而专注、冥想和三摩地这三支构成内支。外支涉及外在的或行为的或身体的瑜伽实践，内支则涉及身体内部且主要是心意的瑜伽实践。当然，外支服务于内支。

比较特别的是制感这一支。有些瑜伽学者和瑜伽导师、教练对制感的理解有些差异。有的认为制感属于外支，有的认为制感属于内支。其实，可以把制感视为外支和内支的交界点上。也有人把制感这一支单列出来，看作是独立的一支，把它视为内支与外支之间的一个中间状态。当然，我们也可以根据自身的需要或意愿或主张，把制感视为外支或者内支，或者看作是独立的一支。无论什么划分法，都不会影响瑜伽实践。

但是，瑜伽哲学的实践应该从外支开始。无论是什么层面的生命实践，总体上，对自身行为的规范或者具备道德是首要的。一定程度的道德要求，是保障生命的瑜伽实践和生命的管理取得成效的基础。无论是对社会，还是对自己，正确的行为规范或者具有社会公认的道德，是生命管理的应有之义。下面，我们就从外支出发。

外支，包含禁制、劝制、体式（体位、坐姿、坐法）和调息这四支。

## 一、禁制

禁制，简单来说，就是要求禁止的行为。根据《瑜伽经》，禁制包括不杀生、不说谎、不偷盗、不纵欲、不贪婪。[①]这些内容，是瑜伽实践者最基本的行为道德要求。

第一，不杀生。"当一个人不再杀生时，所有生物都不会对

---

① 帕坦伽利著，王志成译注：《〈瑜伽经〉直译精解》，成都：四川人民出版社，2019年，第144页。

他产生敌意。"（2.35）[1]除了字面上的意义外，学术界、瑜伽界对于不杀生的含义还有很多争议。例如，我们能否排斥任何形式的杀生？从某种意义上说，谁都做不到禁制。因为，生命的存在形式多种多样。我们一个举动客观上就会把某些生命杀了。人的活动不可避免会伤及一些小生命。你走在路上，走在草地上，无意中就会杀掉小虫子。你吃蔬菜，把蔬菜从大地里采回来，也会把不少虫子杀死，或者因为它们不再拥有生存必需的资源而死亡。有些生命被伤害了，我们并不知道。因此，更多时候不杀生被理解为不是故意杀戮。进一步说，不杀生就意味着我们不能有杀生这一念头。我们不需要为我们无意的行为而焦虑。对此，我们要有个中庸的态度，不要本本主义、教条主义，要现实主义。

　　第二，不说谎。"当一个人不再说谎时，行动和结果就相互依赖。"（2.36）[2]说谎的本质是说谎者有意识地使得他的表达或者行为和实际发生的不一致。但据说，现实中没有一个人不说谎。政客们说谎，商人说谎，老师说谎，农民说谎，家长说谎，孩子说谎，同事说谎，朋友说谎，爱人说谎……在这个世上，很难找到真正不说谎的人，只要我们认真去体会下，其实这是合

---

[1]　帕坦伽利著，王志成译注：《〈瑜伽经〉直译精解》，成都：四川人民出版社，2019年，第154页。

[2]　帕坦伽利著，王志成译注：《〈瑜伽经〉直译精解》，成都：四川人民出版社，2019年，第156页。

乎人性的。说谎的深层原因是背后的"我",这个背后的我就是
"私我""小我",它会为了自身的利益或者善意或者恶意说
谎。由于这个"小我"被答磨能量、罗阇能量或萨埵能量主宰,
因此,谎言也分不同层次或类型。基于三德理论,第一类是基于
答磨能量的谎言,这种谎言是邪恶的,甚至可能会置人于死地,
或者会带来极大的危险。第二类是基于罗阇能量的谎言,这种谎
言是出于名利等方面的需要而说的。第三类是基于萨埵能量的谎
言,这种谎言往往是说谎者"为了你的利益"或"为了你好"而
说的。可见,一个谎言能否被容忍或被接受,取决于说谎者的动
机,或被原质三德中的哪一种德性所主宰。让一个人不说谎,或
许只有彻底觉悟并弃绝的人才能做到。但一个人努力做到只说基
于萨埵能量的谎言就已经非常了不起了。要管好自己的嘴巴,是
一门超级不容易做到的实践艺术。

第三,不偷盗。"当一个人不再偷盗时,一切财富就接近他
了。"(2.37)[1]不偷盗,既可以是外在的、看得见的,也包含
内在的、看不见的不偷盗行为。不偷盗就是不觊觎别人的东西,
意味着不非法占据别人的物质财富或精神财富。心里想什么,某
种程度上,就会表现在行动中。帕坦伽利说一个人不偷盗,一切

---

[1] 帕坦伽利著,王志成译注:《〈瑜伽经〉直译精解》,成都:四川
人民出版社,2019年,第158页。

财富就会接近他。"一切财富"是什么？我们可以从瑜伽的源头即吠陀文化来理解财富。在吠陀文化中，财富包含了多个维度，而不只物质财富这一个维度。初始财富，如天赋、出生的家庭背景，金钱、粮食、权力和声望、子女、胜利以及人的勇气、满足、不执、不妒等精神财富。

第四，不纵欲。"当一个人不再纵欲时，他便会获得能量。"（2.38）[①]这里，关于"纵欲"有个狭义的理解，即是指性的欲望。瑜伽认为，生命的能量之强大和性的能量关系密切。当人懂得保护自己的性能量，而不是随意释放性能量甚至放纵性能量，他的性能量就容易稳定。性能量强大，也意味着拥有更强大的活力、更大的创造力。这里，我们不是倡导禁欲，而是要重视对自己性欲望的管控。梵文brahmacarya一般译成"禁欲"，但它的字面意思是"过一种梵一般的完美生活"。现实中，人如果纵欲，身体的健康和稳定容易受到伤害。如果陷入和不同人之间复杂的性关系中，会更快消耗能量，并导致身体和心理不稳。因此，帕坦伽利说，不纵欲就会获得能量。这是从狭义层面来说的。广义来说，不纵欲就是对欲望的节制，即便是瑜伽实践，也是需要节制的，如，不根据自身的体质和基础而一味"猛

---

①　帕坦伽利著，王志成译注：《〈瑜伽经〉直译精解》，成都：四川人民出版社，2019年，第160页。

练""精进"体位或调息，也会适得其反。

第五，不贪婪。"当一个人不再贪婪时，他就会完全明白如何出生以及为何会出生。"①不贪婪一般理解为不占有或不过度占有对象，如财物、金钱、名利。但有一点需要明确，一个不贪婪的人是否就是要拒绝财物、金钱、名利呢？应该不是，主要体现在他对待这些东西的心态上。如果他接受了财物、金钱和名利，却不会被它们所束缚或主宰，或依附于它们，那么即便拥有再多的财物、再多的金钱、再大的名利，他都不是一个贪婪之人。帕坦伽利说，不贪婪的人可以知道如何出生以及为何出生。这对普通人来说是很难理解的。事实上，帕坦伽利在说的是，我们的出生和轮回是基于业力法则。业力，本质上是贪婪或者过度占有所积累的，业力导致一再出生，也就是轮回。因此，不再贪婪时，就会完全明白如何出生以及为何会出生。

以上禁制的主要内容，主要是从社会角度来对生命的行为进行管理。违反这些禁令，瑜伽实践就难以在正道上行，瑜伽的目标也就难以实现。生命的管理，就是要通过禁制这一支实践，让三德朝向萨埵（善良）方向迈进。

---

① 帕坦伽利著，王志成译注：《〈瑜伽经〉直译精解》，成都：四川人民出版社，2019年，第163页。

## 二、劝制

简单来说，劝制就是告诫、劝告瑜伽士应该有的行为，主要包括纯净、满足、苦行、自我研习、顺从自在天。

第一，纯净。帕坦伽利说："纯净使人疏远身体，厌恶与他人的接触。"（2.40）[①]对自身纯净的要求，就会对自己的身心实践提出要求。有人天天洗澡，这是对身体的纯净。有人重视穿着打扮、外表干净、一尘不染，这是外表的纯净。有人更加重视心意的单纯，一心向往最高的瑜伽目标，这是心意纯净。生命纯净，从外到内都是需要的。但如果条件尚不具备时，内心的纯净则是第一位的。帕坦伽利看到了身体纯净的重要意义，他认为，身体纯净可带来思想和心灵的纯净，带来内心的喜悦，并且有助于感官控制，最终认识自我。从数论哲学看，这一观点容易接受，因为数论最终要求原人和原质的分离。从传统吠檀多哲学看，这也可以接受。我们可以或应该超越哲学的不同主张，更多地从内心的纯净来理解。因为内心纯净，本质上可以超越形式的、表面的纯净，但同时可以根据实际，保持形式的、表面的纯净。

---

[①] 帕坦伽利著，王志成译注：《〈瑜伽经〉直译精解》，成都：四川人民出版社，2019年，第165页。

第二，满足。"由于满足，人得到最大快乐。"①满足是一种来自内在的圆满和流溢。满足意味着不欠缺，不存在渴望或需要得到补偿。满足发生在不同的层面，有答磨能量主导的、罗阇能量主导的和萨埵能量主导的满足。不同能量主导下，对满足的体验是有差别的，主要的差别就在于它们所遮蔽的程度不同。帕坦伽利所谈的满足，就属于遮蔽最少的满足，换句话说就是萨埵能量主导下的满足。在萨埵能量主导下，人的内在充满了善良、光明和满足。而因为满足，生命无须外在的支持，从而经验最大的快乐和自由。

第三、苦行。"由于苦行，不净得以清除，身体和感官因此获得特殊的能力。"②苦行的含义并不固定。有时苦行是心理上的，有时是身体上的。这里，苦行主要是身体上的。通过苦行，消除身上的不净，并有可能让身体和感官获得某些特殊能力。身体上的某种特殊能力，是整体上说的；感官的能力，则更具体。感官包含感觉器官和行动器官。每个感觉器官和行动器官都有可能因为苦行而发生变化。为了消除身体的不净，斯瓦米·萨缇亚南达·莎拉斯瓦蒂（Swami Satyananda Saraswati）提出了五种苦

---

① 帕坦伽利著，王志成译注：《〈瑜伽经〉直译精解》，成都：四川人民出版社，2019年，第168页。

② 帕坦伽利著，王志成译注：《〈瑜伽经〉直译精解》，成都：四川人民出版社，2019年，第169页。

行建议：身体更多地暴露在日光下；身体更多地忍受火之热；通过调息在身体内创造出热；通过专注一点发展专注之火；通过禁食获得禁食之火。通过这五种苦行，消除身体的不纯并强化身体。

第四，自我研习。"通过自我研习，可以和择神融合。"①瑜伽传统实践上，自我研习主要指的是阅读吠陀经典和唱诵唵（Om）曼陀罗。吠陀经典主要包括《吠陀经》《奥义书》《薄伽梵歌》《瑜伽经》等经典。通过研习经典，认识生命的真相，以至亲证人的纯粹自我的独立性、神圣性、唯一性、不灭性。对大众来说，自学自研这些瑜伽经典也并不容易，特别是在古代，很多人无法接受教育，不识字。当今世界，通信技术强大，经典触手可得。只是依然圣人难遇、经典难闻。只有听从这个自我研习的劝制实践，才能真的践行瑜伽。

顺便说下择神。择神，Ishtadevata（本尊），即自己选择的某位上神（即神性的对象），目的是通过有形的对象更加方便瑜伽实践，尤其是专注和冥想。

第五，顺从自在天。"通过全然地顺从自在天，可获得三摩

---

① 帕坦伽利著，王志成译注：《〈瑜伽经〉直译精解》，成都：四川人民出版社，2019年，第171页。

地。"①在《瑜伽经》中，自在天是一个特殊的原人，但不是创造主。顺从自在天为何能达到三摩地呢？这有点类似虔信瑜伽，通过顺从某个至高的对象，从而消除私我，进而达至三摩地。

禁制和劝制，基本上都是戒律或道德规范。遵循禁制，可以得到外在的"保护"；遵循劝制，得到内在的"保护"。这双重"保护"，就建立起了生命管理的一个正念根基。

完成了禁制和劝制，就进入八支瑜伽哲学实践范式第三支，即体式（体位、坐姿、坐法）。

## 三、体式

体式，asana，在《瑜伽经》中意思是"坐姿"或"坐法"。随着瑜伽的发展，asana不再停留在坐姿或坐法上，而是呈现为各种各样的身体体式，即便是坐姿或坐法，也发展了很多种。《阿育吠陀瑜伽》和《健康的身体 有趣的灵魂》中有全面的介绍，读者可以参考阅读。

体位的练习，更多时候关乎的是粗身鞘以及能量鞘。合理的体位实践对于身体健康非常重要，但不恰当的体位练习可能对身体带来伤害，甚至是严重的伤害。这里，我们再次提醒读者：练

---

① 帕坦伽利著，王志成译注：《〈瑜伽经〉直译精解》，成都：四川人民出版社，2019年，第172页。

习体位法不能盲目，必须要根据个人自身的体质和身体状况，在合格的导师或者教练的指导下进行。尤其是如各种倒立等高危或者具有潜在危险的体位法，更需要谨慎练习，需要在合格的导师或者教练的指导下进行。

## 四、调息

调息，pranayama，由词根prana和āyāma构成。其中，prana（普拉那），意为"生命力，生命能量"；āyāma，意为"控制、扩展、延伸、管控、管理"。Pranayama的意思是"生命力的控制、扩展、延伸、管控或管理"。在帕坦伽利那里，调息（pranayama）是瑜伽八支中非常重要的一支。

普拉那，我们的生命力或生命的能量。这一生命的能量，最重要也最简单的表现形式就是我们的一呼一吸。或者换一种说法，即呼吸是生命能量的一种（输运、交通）载体。有人说，调息法就是呼吸控制法。我们也可以从另一角度解释：尽管调息从呼吸开始，但普拉那不只是呼吸。《调息法70种》一书提出调息是有觉知的呼吸。离开觉知，呼吸就不是调息。

调息关乎重要的能量鞘，是我们生存的动力。没有能量鞘，我们就是僵尸一具。调息也直接关乎粗身鞘。调息而来的能量，使得粗身鞘各功能正常发挥。调息也直接影响心意鞘。哈达瑜伽经典说，"呼吸不稳，则心意不稳；呼吸稳定，则心意稳定。因此，瑜伽习练者要获得平静的心意，就应该要控制住呼吸。"①
呼吸对心意的影响可概括为两点：一是呼吸和心意具有同频性。
呼吸稳定和心意平静同频。二是通过调息可让心意进入"无思"
状态，以至达到三摩地。《哈达瑜伽之光》说："当生命气（呼
吸）减弱、心意功能也停止之时，就只有平静，这就称为三摩
地。""那种平静，个体灵魂与至上灵魂二者合一，心意的所有
功能全部消失。这就称为三摩地。"②

外支的生命管理对瑜伽实践是非常重要的。若还没有接受外
支的生命管理，就直接进入制感和内支（总制）的生命管理是困
难的。而有了外支管理建立的基础，瑜伽士就可以进入制感和内
支（总制）的管理。

---

① 斯瓦特玛拉摩著，G. S. 萨海、苏尼尔·夏尔马英译并注释，王志成、灵海译：《哈达瑜伽之光》（增订版），成都：四川人民出版社，2018年，第107页。

② 斯瓦特玛拉摩著，G. S. 萨海、苏尼尔·夏尔马英译并注释，王志成、灵海译：《哈达瑜伽之光》（增订版），成都：四川人民出版社，2018年，第262页。

第16章

# 制感的科学

感官的控制

带领我们看到更精微的世界。

可以说，制感及内支（总制）在我们生命的管理中具有非常重要的瑜伽实践价值和作用，甚至可以说，无法完成制感和内支（总制），就无法达成瑜伽的最终目的，更无法进入三摩地。

帕坦伽利说："制感就是让心脱离感知对象，感官也随之脱离感知对象，仿佛感官仿效心的性质。于是，达到了对感官的完

全控制。"（2.54—55）[①]

首先，制感涉及两个重要的概念。一是心。心，梵文citta，音译契达。这个心，包含心意（manas）、菩提（buddhi，智性）和我慢（ahamkara，私我）。二是感知对象。感知对象就是与我们的感觉器官发生联系的对象，也即是眼、耳、鼻、舌、身（皮肤）等感觉器官所感知的对象。生命的感觉经验离不开这五个感觉器官。

其次，"让心脱离感知对象"。"脱离"就是两个东西分离开来并不再发生联系、不再结合在一起并相互发生作用和影响。心总是和感官联结在一起，并通过感官的感受做出各种反应、判断。而众感官也总是和感官对象联结在一起。对于我们人来说，心是不脱离感官、不脱离感官对象，难以不受感官对象带来的反应和判断而引发的各种情绪、心理乃至能量的反应，直接表现就是心的波动。在我们醒着时，我们对此感受明显。我们睡着时、在做梦的状态或深度睡眠的状态下，情况有点不一样。在梦态中，心并没有和感官的对象直接联结、直接受到对象的影响，但是尽管不和外在的感知对象直接接触，但通过记忆（或者潜意识）依然和感知对象发生联结，醒来后我们依然记得梦中的一切

---

① 帕坦伽利著，王志成译注：《〈瑜伽经〉直译精解》，成都：四川人民出版社，2019年，第185—187页。

对象，并因为梦境而引发我们心的波动。对于深眠态，即便我们醒来后也一无所知，但是总体上有一个感觉，觉得睡得真舒服，睡饱了。瑜伽的实践，就是掌控、约束、管理"心的波动"。

这里，"让心脱离感知对象"中的"让"是个动词。那么问题出现了：这个"让"也就是"控制""掌控""制约"的主体是谁？也就是说，谁来让"心脱离感知对象"？无论是在哪个层面上，这个问题都非常重要。搞明白这个主体非常重要。有人说，应该要有某个"我"推动，"让心脱离感知对象"。那么，是什么样的"我"或者是"哪一个我"愿意、可以或者应该去"让心脱离感知对象"呢？帕坦伽利说，这个"我"就是我慢或私我。对于帕坦伽利，这个"掌控"的主体就是"心"在自己内部的"掌控"，因为我慢是心的高级组成部分，也就是说，心的某部分控制着心的其他部分。根据数论哲学，我慢可以分三个类型，答磨（愚昧）我慢、罗阇（激情）我慢和萨埵（善良）我慢。一般地说，答磨我慢是不可能"让心脱离感知对象"的，但罗阇我慢在遇到失望、痛苦、煎熬、曲折的时候，会渴望有一种解脱的力量，渴望让心摆脱感知对象的束缚，也就是说，在特殊情况下，罗阇我慢可以"让心脱离感知对象"。但真正"让心脱离感知对象"的是萨埵我慢。萨埵我慢具有慈悲、爱和智慧的特点。从萨埵我慢出发，我们人渴望自由、爱、和平，渴望不被任何感官的任何对象所束缚、所控制、所影响。我们的瑜伽实践，就是要通过持续练习，让萨埵我慢占据主导、发挥作用，让原质三德中的萨埵德性占据主导。也即是，制感也只有在萨埵之德占据主导时才能真正达成。

制感的实践有很多方法。帕坦伽利的《瑜伽经》没有提供非常具体的感官控制之法。但是哈达瑜伽经典介绍了具体方法，读者可以参看《哈达瑜伽之光》这一经典。这里，我们简要讲解下当代阿育吠陀瑜伽大师弗劳利对制感的深刻认知。弗劳利认为制感分四种：

1. 控制感觉器官（indriya-pratyahara）；

2. 控制普拉纳（prana-pratyahara）；

3. 控制行动器官（Karma-pratyahara）；

4. 心意从感觉器官中撤离（mano- pratyahara）。

感官，眼、耳、鼻、舌、身，控制感觉器官具体就是控制这五个感觉器官。眼睛的功能就是看，要看漂亮的、美丽的、迷人的，因为我们追求漂亮的、美丽的、迷人的，我们希望一直拥有漂亮的、美丽的、迷人的。于是，那些我们的眼睛看见的漂亮的、美丽的、迷人的对象就成了束缚我们的东西。其他的感官也是如此，感官带来的色、声、香、味、触，成了我们的束缚。对待感官，一般有三种处理方式：

第一是放任感官。放任感官，心游移在感官对象上，成为感官的奴隶。

第二是关闭感觉器官或弃之不用。或主动或被动，感觉器官和外在的对象强行分离、强行脱离接触。只是，如此对待感官，时间长了，感官就可能失去正常的生理功能，陷入某种"自我的消亡"。有些极端的做法，就是强制关闭感官，时间或长或短。这种方式并不能让我们走向真正的自由。

第三是通过感觉器官超越感觉器官。我们人是无法离开感官的，也无法避免受到外界对象的影响，人只有在和感官对象的相互作用中才能理解这个世界。我们并不必然受制于外界的感官对象。外在的对象是我们生命的前行或提升的资粮。但是，我们不能被这些对象束缚而成为这些对象的奴隶，也即是，心为感官的对象所捆绑，心不能自由地脱离对象而为对象所控制，并因此产生心的波动。离开感官，我们无法活着；但是为感官所控制，我们无法自由。这就需要我们通过感官而超越感官，并且，要更进一步，对待感官要超越但不漠然。

另外，感觉器官和行动器官往往联结在一起。感觉器官对外界做出反应，行动器官也会以某种方式做出反应，因此，我们也可以反过来，通过掌握行动器官来控制感觉器官。行动器官的管理在这个时代具有特殊的价值。如何对待行动器官？放任显然不行，放弃也显然不行。现实的情况是，人在这两端。因此，对于行动器官，也应要通过行动器官而超越行动器官，并且，要更进一步，对待行动器官要超越但不漠然。

让心从感觉器官中撤离，并不是一件容易的事情。其实，心能不能从感觉器官中撤离，还取决于心背后的意志。心意如蜂王，器官如工蜂。心意到哪里，器官就到哪里。让心撤离感觉器官，一个关键不在器官本身之强弱，而在心意本身。心意这个东西十分神秘。经典上说，束缚在心意，自由也在心意。什么样的心意造就什么样的人生。

　　要让心从感官对象撤离，需要对心意本身进行管理。其中，最关键的是心意净化。这是我们下一章的重点。

第17章

# 内支的自控

专注缔造你所要的一切。

内支，即专注、冥想和三摩地这三支。这三支的基础是专注。

专注，首先要用各种方式让心稳定下来。只有心意拥有了相对稳定的能力时，才可以锻炼专注。瑜伽中有很多种锻炼专注的方式。当然，在日常生活中，我们也非常需要专注。因为唯有专注，工作才能有效率，学习才能获得真正的知识，才能获得某些成就。

只有单纯的专注，而没有目标的专注，这样的专注不现实。实践专注，一定会受到目标的影响。为了一个小目标，人可能达到高度专注。但要做到持续的专注或长期专注，就需要高远的目标，甚至崇高的目标、神圣的目标，否则专注很难持久。

瑜伽士更需要专注。瑜伽士拥有远大的目标，甚至是崇高的目标、追求终极的目标，也即是追求自我的真相和觉悟，追求自由和自我的解脱，追求进入三摩地这个终极之状态。如果瑜伽士真正以瑜伽的终极目标为导向，那么持续专注就容易得多。但如果他的目标不是那么高，或者不是瑜伽哲学本身所设定的生命的至高目标，就难以持久专注。现在，大多数练习瑜伽的瑜伽行者，他们的目标很少涉及瑜伽哲学的至高目标，他们把目标设定在健身强体、减肥减压、美容护肤等身体或心理层面的瑜伽小目标上，也就是放在粗身鞘、心意鞘或者能量鞘方面。可以肯定的是，瑜伽的目标越明确并有高度，就越能做到专注，并且越能做到持久的专注。选定了目标，就要排除各种障碍和限制，沿着目标前行，直到达至目标。专注对我们的生命十分重要。真正的专注、至上的瑜伽专注，首先意味着坚定，意味着咬住青山不放松，忍受各种艰苦条件，忍受排斥和不被理解，对自己设定的生命目标不妥协。这样的瑜伽士拥有强大的意志力和巨大的专注能量。

专注带给生命各种益处。大瑜伽士辨喜说："专注会缓和神经的兴奋，平静神经，使得我们更加清楚地看透事物。我们的性情会变得更好，身体会更加健康。健康是第一个迹象，声音会更加美妙，声音的缺陷会得到改善。"①此外，生命中还会有其他多种能力的出现，会有各种美好的体验。

冥想是对专注的深化，冥想深入到某个程度就被称为三摩地。我们一般不容易区分专注和冥想。专注、冥想和三摩地共同构成了一个整体，《瑜伽经》称之为总制。

冥想具有极其丰富的内涵。每个人都可有自己独特的冥想法。在《阿育吠陀瑜伽》中，我们归纳了四大类型的冥想：帕坦伽利传统的冥想或基于数论哲学的冥想、基于吠檀多传统的冥想、基于虔信传统的冥想以及基于阿育吠陀瑜伽传统的冥想。

第一，帕坦伽利传统的冥想：突出专注，专注于某个具体的或抽象的对象；并且，基于对象和专注程度的差异，冥想所达到的高度也不同。从哲学基础上说，帕坦伽利传统的冥想，最终要达到原质和原人的分离，达到三摩地的最高境界——独存。

第二，吠檀多传统的冥想：突出我们的自我（jiva，吉瓦）本质上就是真我（阿特曼，atman），就是那最终的纯粹意识（梵，Brahman）。今天我们大部分人练习瑜伽，最终所要达成的就是这一吠檀多传统瑜伽，也即是，达到"天人合一""梵我一如"的境界。

---

① 斯瓦米·辨喜著，曹政译：《胜王瑜伽》，北京：商务印书馆，2019年，第69页。

第三，虔信传统的冥想：冥想的对象是某个人格化的对象（或者自己的择神）。不过，这一冥想开始是主客二元的，但最终要达到不二的境界，即达成主体消融于冥想对象。这一传统的冥想，强调冥想者主体的感情、情绪和爱。冥想者的心意、情绪、感情维度，转向了他们所选择的某一人格性的对象，如第一瑜伽士希瓦（湿婆）。

第四，阿育吠陀瑜伽传统的冥想：突出冥想者自身体质的差异来控制心意、平息心意。尽管阿育吠陀瑜伽的冥想同样是为了达成最终的三摩地，但它的初起立足点则是心意平静，并以此来治愈心意鞘的问题。除了生命垂直维度的最高目标外，阿育吠陀瑜伽也关注生命的水平维度，非常重视粗身鞘的健康。现代人生命管理的瑜伽目标大多不是三摩地。对他们来说，瑜伽哲学的实践更多的是身心健康维度的管理，而非生命的自我实现。在这一意义上，重视阿育吠陀传统的冥想有其特定意义。

无论是帕坦伽利传统的冥想、吠檀多传统的冥想、虔信传统的冥想还是阿育吠陀瑜伽传统的冥想，最高级的瑜伽目标都以自我的真相和觉悟、自由和自我的解脱、三摩地为导向。这也是生命管理的终极目标。

除了以上四类冥想方式外，我们可以结合当代人实际生活的需求，从重视身心的健康这个基础维度的冥想出发。从表象来看，当代社会人们的身心问题大多是情绪问题。情绪非常有价值，但并非所有的情绪都是正向能量的增强。站在这个层面，就可以利用阿育吠陀传统的冥想，发挥这一传统身心基础的特别作用。另外，我们也看到生命追求普通目标的现实需要。基于此，我们把这一非三摩地导向的冥想视为世俗传统的冥想，称为第五类冥想。

冥想是生命管理的高级阶段。我们可以就冥想过程、冥想对象、冥想中的意识中心、冥想带来的身心变化和发展以及冥想中可能的障碍等问题展开分析。每个生命都拥有自由的意志，可以自由选择某种类型的冥想。不管哪种冥想，无论坚持多久，我们都可以注意到冥想给我们带来的作用和影响。

你可能会问，这五大类冥想，除了阿育吠陀瑜伽传统会优先考虑基于体质的差异、考虑身心的健康问题外，其他的三大类它们不关心生命水平维度即身心的健康和发展了吗？严格来说，前面三种冥想，它们的注意力没有放在身体的健康上。但是，我们不能说它们不关心水平维度的生命管理。如果遇到身体问题，瑜伽士可能会从另外的角度去管理身体的健康。这样的瑜伽士会把健康的身体视为一个合适的条件，但不会把它融入冥想本身。

传统的冥想模式确实具有极强的三摩地导向。对于追求三摩地、获得自我真相的瑜伽士，他们的生命管理之目标并不在这世上的物质性得失，他们更加关心如何在生命非常有限的时间内完成自我的超越，摆脱三德的局限和限制，而达至不执，觉悟自我，获得自由。而对于追求世俗目标的人，他们更多在意的是在这世上的得失，更多关心的是身心的健康和强大。从某个意义上说，水平维度的身体健康和垂直维度的三摩地，这两者之间似乎是有张力的。有的瑜伽士对于身体、心理的呵护和健康锻炼不屑一顾；而关心身心、呵护身心的人，也会对那些只追求三摩地的瑜伽士不以为然。前者认为，把生命有限的时间和精力放在肉身上是一种对生命的浪费；而后者认为，没有健康的身心，那"虚无缥缈的三摩地"同样是一种浪费。并且，身体虚弱甚至短寿，更是被后者所诟病。

我们需要在这两者之间取得平衡。在这个时代，融合传统的瑜伽目标的冥想和当代世俗目标的冥想具有特别的重要性。很多人还没有意识到这两者的统一是生命管理的最佳实践。我们既需要一个健康的身体，也需要一个有趣的灵魂。没有灵魂的身体只是行尸走肉，而没有身体的灵魂也不过是幻境中飘忽的孤魂。身心灵的健康是一个有机的整体，因为生命本身就是一个无可分割的整体。要获得人的圆满，任何一个维度都不可偏废。

第18章

# 突破八支边界

静默，蕴含了更大可能性。

作为生命管理的一个基本模式，瑜伽哲学八支实践具有合理性和科学性，以及相对的完整性。我们可以根据生命管理的阶段性目标需要、我们自身的体质等，选择八支模式有序实践。

但是，瑜伽哲学八支模式并不是固化的，它的边界也不是固定的。除了这八支之外，我们还可以看到其他的生命管理方法。我们这里只介绍两种常见的、实践比较方便的方法：一是静默实践，一是念诵实践。

静默是一种禁语之法，也就是在一定时间内不说话。在人类的不同传统中都有这样的实践方法。对于生命，静默，最大的益处是极大减少了能量的释放和损耗。说话太多，导致消耗更多的能量。说话引发的心意波动，导致耗散更多的能量。这个首先是在粗身鞘和心意鞘层面上的能量耗散。

静默，还可以让我们有时间向内来沉思自我。在醒态中，我们大部分时候都是朝外的，都是面向感官对象、面向行动结果的。大部分说话都是面向对象的，是在和他人不断互动中的，缺乏对内在自我的关注，即便是自言自语，也容易陷入种种对象的束缚中、陷入种种情绪引发的心意波动中。静默让我们有机会调整生命的状态。静默可以让我们在一段时间内脱离和他人、和对象的直接联系，有助于我们审视种种关系、审视生命之网上种种的结。

静默，还让我们有机会更好地提升精神。一直向外、一直处在与外在对象的无限联系中，不仅乏味、消耗生命的能量，生命中精神的发展也会受到限制。每天或每周有意识地抽出固定时间静默，在静默中和更高维度的存在联结，在精神维度上得到扩展和提升，有助于生命的圆满。

念诵，这里指的是念诵曼陀罗（mantra），如瑜伽士喜欢的Om（唵）曼陀罗。曼陀罗冥想是十分普遍的。念诵曼陀罗也可以成为某些瑜伽实践的核心。之所以曼陀罗可以成为一种核心，是因为曼陀罗拥有强大的能量——这是声音瑜伽的一种实践方法，在瑜伽哲学中，某些梵文的音节被视为具有特别的能量，可以和身体的腺体或生命的脉轮发生共鸣振动，带来放松、疗愈和转化的力量。同时，念诵曼陀罗，心意的波动随着声音淹没，成为帕坦伽利所说的"控制心的波动"。念诵曼陀罗，以一念代万念，就如一个巨大的涌浪淹没了无数小的波浪，从而获得心的平静。在瑜伽中，诸如Hari Om，Om Namah Sivaya都是很常用的曼陀罗。念诵这样的曼陀罗，对于心意净化和灵性成长十分有益。

另外，长期念诵曼陀罗不仅可以控制我们心的波动，也给我们的身体健康带来益处。因为，我们念诵曼陀罗的过程也是一个气脉锻炼的过程。在阿育吠陀瑜伽哲学中，非常重要的一个曼陀罗是昙梵陀利曼陀罗：Om Shreem Dhanvantaraye Namah。

当然，念诵曼陀罗需要科学地进行。这里的科学特别指的是基于个人的体质选择合适的曼陀罗。因为不同的曼陀罗（声音）具有不同的声音振动频率和能量，比如，瓦塔体质的人和皮塔体质的人对曼陀罗的要求就有差异。一般来说，瓦塔体质的人适合长期使用Ram曼陀罗，而不适合念诵Om曼陀罗；皮塔体质的人适合Om曼陀罗，而不一定适合念诵Ram曼陀罗。在印度传统中，曼陀罗还被赋予了特殊的作用和价值：通过长期念诵某些曼陀罗促进生命的觉醒。

第五篇 Part Five

# 生命的内在格式

不要为时空中的负重和损失哀号。
要确定你的真实身份。

生命是一个系统工程，十分复杂。生命外在的样貌，光鲜，靓丽，可亲可爱。但是，在时间的流逝和空间的限制中，那美丽的样貌在负重、在损失。有人在这些负重中倒下，有人在损失中哀号。人世的生活、大多数的生命状态，都是如此，它们局限、不完美、痛苦……生命从来如此，也会一直如此。但是，生命也还有太多的欢情和幸福，令生命有滋有味。甚至生命还有闲愁，还有时时不知从何而起的惆怅在这世上如光一样闪烁，使生命旷达而辽阔。

　　真正热爱生命的人，真正感知生命旷达的人，就需要进入生命内部，从生命内在的深处品味生命真谛、理解生命表象，而"岂限长安与洛阳"，多维度了解生命的奇妙，有效管控我们的生命，既不为外在所伤，又不被内心所惑，达至生命的圆满。

第19章

# 内在心学的瑜伽本质

心意是我们的朋友，也是我们的敌人。

对于控制住心意的人来说，它是朋友。

——《薄伽梵歌》6:6

帕坦伽利说，"瑜伽是约束心的波动。"①这节经文是《瑜伽经》的灵魂。它揭示了瑜伽的实质。

前面已经说到，在数论瑜伽哲学中，心（citta）包含了心意（末那）、智性（菩提）和我慢（私我）。心意包含情绪、念头、想法、感情等等。心意的管理是生命管理的关键。除了最基

---

① 帕坦伽利著，王志成译注：《〈瑜伽经〉直译精解》，成都：四川人民出版社，2019年，第5页。

本的情绪、念头和想法、感情等，非常精微的智性和我慢更需要细细考察和管理。

心意精微，很难控制。它以不同的精深方式对我们的生命发挥着极为重要的作用。心意运行速度飞快，比光速还快，没有什么东西能赶上心意运转。要控制心意并不容易。控制心意不是要赶上心意。

心意本身并不自由，它本身受制于更高的对象如智性和喜乐。心意只是一种工具，它不是目的。心意运行，可以让我们快乐，也会让我们痛苦。追求快乐、避开痛苦，这不是心意的目标，而是私我（我慢）的目标。

生命的束缚和解放都发生在心意中。心意束缚，生命就陷入轮回；心意解脱，我们就摆脱轮回。解脱和轮回是属于心意的。因此，控制心意，就意味着控制生命的轮回性存在。所谓瑜伽哲学的实践，实践的是这心意。在这个意义上，可以说瑜伽是一种心学。

心意很难稳定，它总在各种对象之间流动，在二元之间摆动。心意本身没有善恶，它可以服务于善，也可以服务于恶。我们说人心恶毒，也可以说人心善良。恶可以为心所为，善也可以为心所为。

心意运行并不是依靠它自己独自完成的，它需要依赖心意的外化对象，即感觉器官和行动器官。心意本身是一个"物"，但这"物"不是直接发挥作用，而需要通过中介来完成。一个眼神，就可以被视为心意的表达，温和的、犀利的、恶意的、祈求的、凶残的、无奈的、茫然的，等等，都体现了心意的状态，体现了因为外物引发的某种状态。

我们因为心意想去了解某个事物，我们就会竖起耳朵去静静聆听，这是心意的专注。如果心意想知道对象是什么，就自然通过感觉器官去感知。如果心意想表达，自然会通过行动器官去呈现。

他爱你，他就会通过语言来表达，会给你暗示，会直接和你说，会不断地接近你。他爱你，会通过服务你来表达，如送给你礼物，关心你这个关心你那个，会为你考虑这个事情那个事情。他爱你，会为你设想这设想那，为你的未来打算，为彼此的未来打算。他爱你，会有感情的表达、智性的表达等。但是，他的心变了，一切就都变了。他不会再有那么多甜言蜜语，不会再送你礼物，不会再有多少时间来陪伴你，他的钱不再供给你，你的生日在他的心中不再有位置。如果他还在特别努力接近你、讨好你，甚至低头没有尊严地守着你，这只是他不想让自己失望，不希望让自己后悔而已。这些全是心意投向你所带来的结果。

改变人，最核心的是改变人的心意。心意改变了，人就变了。但要改变人并不容易。有的改变是把人变好了，有的改变把人变坏了，有的改变则把人升华了。还有的改变就是折腾，既谈不上好，也谈不上坏，更谈不上升华，可以说是耗费时间和精力。

心意受多种因素影响，一直在变动中。想要改变一个人的心意，往往却改变不了。你不想去改变一个人的心意，却无形之中被他人所影响。其中，一个重要的原因是，一个人之所以能够影响对方，是因为他的言行更好对应了对方的人性面。真正的瑜伽实践，在很多情况下是反人性的，也就是说，不是迎合人性的需要，而是超越人性。对太多人来说，这太难了。因为，这意味着心意的自我革命。当你懂得了这个道理，你就不会急于去改变一个人，更不会去要求一个处于某个阶段的心意走向更高阶段的心意状态。总想改变人的心意，有时是自讨没趣，自我折腾。

心意的运动呈现为觉醒状态的运动和非觉醒状态的运动。改变心意，或者说让人的心意改变了，事实上是非常了不起的。心意改变可以朝上走，也可以朝下走。朝上走，是扬升，是改进，是转化，是圣化。朝下走，是显化，但也可以是堕落。当人觉悟了但却朝下走，即便形式上无法为人完全理解，也属于显化。而处于迷茫中的人，若朝下走，则基本上是处于下降甚至是堕落的过程。若没有其他力量平衡或激活，就可能长时间处于下降的状态。应该说，大部分人的心意运动都是非觉醒的。但在这个时代，或许不少人正趋于走向觉醒的途中。

心意的管理是生命管理的核心。如何管理心意呢？

首先，心意受到其他心意的影响。不同的心意有高低，彼此相遇，导致彼此比对，处于相对低的心意可能就会受到启迪或激励而发生改变。比对，是让心意发生变动的重要方式。一个班级，学生的成绩是事实，但老师公布、评论每个学生，学生们的心意就会掀起波澜。

其次，心意受到智性的影响。心意是否改变，或得到强化，和智性的决断有关。如果智性认定某个心意活动是有益的，可以带来好的结果，那么这一心意就会得到强化，而不会被抑制。如果智性认为某种心意活动带来不好的结果，甚至灾难，那么这种心意就会被抑制。尽管心意很活跃，但它是受控的。而智性本身也受到更大力量的控制。人对喜乐、对爱的诉求，往往超越智性，这智性会服务于更高的喜乐或爱。心意的活动可跳过智性的控制，不再理会所谓的利益得失，甚至超越生死。心意是个体性的，差异巨大。它会扰动生命、扰动人的生活。智性本质上是普遍性的，不会无事来干扰人的生活。

醒态时，心意运动最活跃。如果欲望强烈，心意波动会更强烈，也更复杂。欲望低，心意波动就减少，也不会强烈。瑜伽哲学的实践，就是要消除欲望！根据一般的说法，瑜伽实践，确实会减少人的欲望。但严格说，这样的理解存在问题。应该说，不是欲望减少了，强度降低了，而是说欲望被转化了，或者说被提升了。欲望，作为能量，它们不会消失，但可被转化和提升。一个人实践瑜伽哲学，在很大程度上，是把相对低级的欲望限制住，将之转化和提升。当然，人最大的愿望、最大的欲望，就是渴望生命的自我真相，追求觉悟、觉醒以及三摩地。这可以被视为"大欲"。也许很少有人能真正达至大欲望之境，绝大多数人无法真的达至觉悟、觉醒，达至三摩地。但是，人人都可行走在达成三摩地的大道上。

走在三摩地的大道中，如何对待相对低端的欲望呢?

一是对欲望保持警惕，但有限地认可低端欲望并控制它们。一是保持转化性态度，根据具体情况认可低端的欲望，并努力把低端欲望引导到高端欲望上，让低端欲望服务于高端欲望。而禁欲主义，对少数人可能很有效，但对多数人是无效的，并会带来问题和麻烦，甚至灾难。受控的欲望之认可，对于我们多数人的生命实践是有重要价值的。但大部分人并不能很好地管控欲望，往往只能过一种普通生活。

在禁欲主义态度中，心意变化会很大，不断受到抑制，人可能变得"顺从"，失去"欲力"，而生命的创造力可能也被减弱。但如果禁欲成功，并把欲望顺利转变，就有可能释放巨大的创造力。

第20章

# 装在套子里的人

五鞘不是限制我们，而是显化我们。

在前面的篇章中，我们已经探讨了关于瑜伽哲学中三身五鞘的生命管理。这一章，我们从五鞘的角度来深化对生命的理解，进一步探讨生命的瑜伽管理实践。这一章，我们探讨瑜伽哲学中非常重要的"真我"概念及其与五鞘之间的"联结"，从更高的维度去理解、去把握生命。

根据瑜伽哲学，人，作为纯粹意识，永恒不灭、自由、充满知识。这个纯粹意识，被不同的瑜伽哲学流派分别称为原人、阿特曼、纯粹自我、灵、精神等。原人没有轮回，也没有束缚，原人就是如其所是的存在。《薄伽梵歌》说："永恒不变、不可思议的灵的外在身体终有一死，而灵（阿特曼）永恒不死。"① "灵从不出生，也从不死亡；既不产生，也不会不复存在；它是非生的，永恒的，不变的，原初的。身体毁灭时，灵不会毁灭。"②

然而，生命的身体如蛇皮，会变旧，会损坏，会取代，会脱掉。这即是"可灭者"。"就像人们扔掉旧衣服之后会换上新衣服一样，个体灵魂或生命在抛弃旧身体以后会获得另外的新身体。"③ "这个灵或阿特曼，刀不能砍死，火不能烧毁，水不能淋湿，风不能吹干。它是砍不死、烧不燃、淋不湿、吹不干的。它是永恒、遍在、不变、不动和不朽的。"④ 这即是"不灭者"。

不灭者是纯粹意识、灵、阿特曼，也即是我们生命的纯粹自我；而可灭者就是生命的躯体，也即是三身五鞘。一般情况下，我们满足于这样的解释，也止步于此。但事实上，我们必须要对这个可变可灭、必变必灭的现象世界以及这个三身五鞘有更加深刻的理解和把握。从出世观来说，了解世界以及生命的这个身躯

① 毗耶娑著，罗摩南达·普拉萨德英译并注释，王志成、灵海汉译：《薄伽梵歌》（注释本），成都：四川人民出版社，2015年，第33页。
② 毗耶娑著，罗摩南达·普拉萨德英译并注释，王志成、灵海汉译：《薄伽梵歌》（注释本），成都：四川人民出版社，2015年，第34页。
③ 毗耶娑著，罗摩南达·普拉萨德英译并注释，王志成、灵海汉译：《薄伽梵歌》（注释本），成都：四川人民出版社，2015年，第35页。这里所谈论的"个体灵魂"和"灵""阿特曼"是在同一个意义上说的。
④ 毗耶娑著，罗摩南达·普拉萨德英译并注释，王志成、灵海汉译：《薄伽梵歌》（注释本），成都：四川人民出版社，2015年，第35页。

的可灭性、非恒久性就可以了。但我们并不总是处于出世观的认知和实践中，更多时候，甚至绝大多数时候，我们不得不与这个可灭者打交道。因为绝大多数人并不会因为阅读了经典就觉醒觉悟，就会获得解放和自由而不再被扰动。人，无可避免地处于世界以及身体的意识中。我们需要从世界以及躯体意识中逐渐摆脱世界意识、身体意识。再者，作为世间存在之人，我们不可能离开或放弃这个世界，不可能放弃这具躯体，而是必须要依赖这个世界以及这具身躯，并通过它们最终获得自由。

身体的五鞘即粗身鞘、能量鞘、心意鞘、智性鞘和喜乐鞘。我们人的纯粹自我，就被这五鞘包裹着。作为世间的存在，我们依靠这五鞘；作为出世间的存在，我们被这五鞘束缚。当我们渴望解脱、渴望绝对自由、渴望没有烦恼和痛苦时，我们就会深深感到无力、无能、无奈，这是因为我们被五鞘牢牢控制着，就如游泳时穿的紧身衣，因为沾上了水、被水浸透而难以脱下一样。人，被五层厚厚的不同质地的壳包裹着，并且被世俗的欲望所浸染，而难以脱下。但是，若没有了五鞘这个依托，我们又要如何在这世上生存？又会凭借什么来思考人本身呢？离开三身五鞘，我们难以谈论我们当下的存在，我们不能脱离当下的存在来谈论一切。这就需要我们必须有个合适的态度来对待这五鞘。

不同的人对待身躯的态度不同。有人把躯体视为牢笼，对躯体采取一种鄙视、排斥、否定的态度。在修行实践中，有的系统或理论就完全否定躯体，而只是追求纯粹的灵魂。有的人态度完全相反，他们完全否定纯粹自我或者灵魂的存在，只承认这个躯体，或者只认可五鞘，生命的存在和人的价值都依托在五鞘上，如此就只相信只有此世此生，他们或及时行乐或彻底走向虚无主义。

在我们看来，上面这两种态度是两个极端。如果我们承认生命不朽就在于生命的纯粹意识，或者阿特曼，或者灵，同时我们承认包裹着生命的就是这五鞘，并且这五鞘作为人在这世间是不可或缺的、不能脱离的，一旦脱离五鞘，就意味着处于完全不同的境地，就无法作为人在这世间存在。因此，对于我们人来说，对于生命的管理来说，对五鞘的态度非常关键。对于纯粹意识、对于原人、对于灵来说，它是生命显现的平台、是生命的工具、是生命运作的载体。因此，我们要把躯体、把五鞘视为与我们的生命合作的一个对象，是我们的生命显化和展示的一个中介。并且，为了充分应用好这个平台，我们必须善待它、保护它、维护好它们。就如游泳，好的游泳衣可以助力我们游得更好、更快、更远。好的五鞘，可以助力生命在宇宙这个长河中，走得更好、更快、更长远。

对我们的躯体、对五鞘有了这样正面的、积极的态度，就比较容易接纳对五鞘的管理。事实上，能对生命的躯体、对五鞘有一个真正积极的态度并不容易。太多人并没有真正认识到五鞘的价值，他们要么走向否定五鞘的出世路，要么陷入唯五鞘的沉沦路。我们真正需要的，是肯定、呵护五鞘，同时超越五鞘的转化路、提升路。

第一，要维护好粗身鞘。粗身鞘被视为食物鞘，也即是我们所吃的食物维持着粗身鞘。阿育吠陀瑜伽的道夏理论告诉我们，粗身鞘由（土）地、水、火、风、空这五大元素构成，这些元素的差异决定了人的体质道夏之差异，这就告诉我们，要维护好粗身鞘，就要认识到符合个体体质差异的饮食方式。只有这样，我们的阿特曼才可以更加"健康持久地"栖息在这个粗身中。

第二，要平衡和增强能量鞘。能量鞘是生命的活力、活动的基础。能量鞘弱小，生命力就会弱小。生命力消失了，生命在世间就没有了活力。如果能量鞘不稳定、不平衡，身体就会遇到这样那样的疾病问题。能量鞘之能量有些来自先天或者基因，用瑜伽哲学的术语来说，可能来自个体过往的业力积累。先天的能量难以改变，它们只能不断被消耗，而不能增强，除非通过后天的某些方式来改变基因或者消除业力，而达至"我命在我不在天"的至高境界。但是，生命的后天能量不是固定不变的，它受到多种因素的影响。这就需要瑜伽的实践，来平衡能量、增强能量。生命的纯粹自我本身并不需要能量的保护或呵护，但从我们受到限制的人的视角看，这个自我正是在能量鞘中获得了呵护。平衡和稳定的能量鞘，让生命的管理得以顺利进行。

第三，要管控心意鞘。心意鞘是生命中最容易扰动我们的内在的。心意也是一种能量，它本身具有"好动""波动"的特征，容易受到各种因素的影响，并且在因素和心意之间相互形成高低不同的振荡。这个心，若没有归属，就无处安放。来自外界的是非得失、好恶荣辱，都会影响心的波动。只有当一种更高级的对象、更强大的波浪引导这个心意时，心的波动才会顺从、才会相对稳定。一般来说，欲求越低，心意越容易波动。欲求越高，心意越容易稳定。欲求达到至高时，心意就会变得稳定、平静如无风的海面。心意稳定，就不会被世上的各种是非和得失所左右。从某种意义上说，生命的管理，就是对欲望的管理，就是科学地把心的欲望从低级引导至高级，最终"心只服务于原人"[1]，获得最终的自我把控。

第四，要规范智性鞘。智性是一种理解能力，也是一种判断能力。智性鞘具有一种洞察力，分辨对象，判断事物，做出选择。智性本身的选择、抉择的依据是什么？也许是我们一定条件下认可的利益或价值，它们会成为我们智性判断的依据。尽管智性本身具有辨别力，但它本身是中性的，它既可以服务好的目的，也可以服务不好的目的，既可以服务低级的目的，又可以服

---

[1] 帕坦伽利著，王志成译注：《〈瑜伽经〉直译精解》，成都：四川人民出版社，2019年，第299页。

务高级的目的。因此，智性同样需要引导、需要规范。

第五，以喜乐鞘为中心管控好五鞘。粗身鞘受控于能量鞘，能量鞘受控于心意鞘，心意鞘受控于智性鞘，智性鞘受控于喜乐鞘。粗身鞘属于粗身，能量鞘、心意鞘和智性鞘属于精身，喜乐鞘则属于因果身。粗身是精身的显化，精身是因果身的显化。搞清楚这些逻辑关系，很多问题就容易得到理解。为何情绪波动非常大的人，会因为与智者的短时间沟通而变得平静下来，这是因为智者的智性发挥了作用。为何非常理性的人会因为爱情而变得缺乏基本的理性，这是因为智性还没有发挥作用。

五鞘，从逻辑上说包裹着我们的自我、我们的阿特曼。因为五鞘，我们的灵在时空中得以显现。每鞘之间有一种控制和被控制的逻辑关系，但最终都服务于阿特曼。当阿特曼一步一步显化其自身时，五鞘是他的工具、他的代理；而当阿特曼不能显化其自身时，五鞘就成了阿特曼的束缚。五鞘管理的本质和实践，就是让五鞘从束缚阿特曼转化为阿特曼的工具和代理。因此，生命管理的过程就是生命转变的过程。

顺便说，当五鞘还没有统一起来服务生命自我的目标时，人就会处在二元性的烦恼和痛苦中；而当它们统一起来、共同服务自我时，人就会经验到非二元的喜乐。人，如果意识到了这一点，继续在世上生活，就会成为自主的游戏者，尽管他看上去和他人没有什么区别，但本质已经完全不同，他成了有生解脱者。

第21章

# 被捆绑者

*我们本质上是三德的主人。*

数论瑜伽哲学主张原质表现为两种状态，一是未显现的状态，一是显现的状态，表现为三德即萨埵、罗阇和答磨的运行。三德，三种能量，代表着善良、激情和愚昧。本真的生命原本圆满，并不受制于三德，既不受制于答磨（愚昧）能量，又不受制于罗阇（激情）能量，也不受制于萨埵（善良能量）。然而，不知为何，我们普遍地受制于这三种能量。

在《薄伽梵歌》中，克里希那向阿周那讲解了"一切知识中最好的知识"①，就是瑜伽的知识，并且说通过这一知识就可以"获得解脱"②。可以知道，生命一方面受制于三德而不得自由，另一方面生命也是有生机的，只要明白这一至高的瑜伽知识，生命也可以摆脱三德的钳制，解开捆绑生命的三根绳索。

生命为何会陷入三德的捆绑？看起来这是一个形而上学的问题，并不容易获得普遍认可的终极答案。但是，我们需要有某种形式的解答。通常认为，因为无知（无明）发生了错误的认同，"原人"错把真的视为不真，把感官所触及的事物视为是"我"或"我的"，这种错误认同导致了自我的"遗忘"，而陷入了二元性的关系中。

生命的纯粹自我或者阿特曼，为何发生这错误的认同？数论瑜伽哲学说，纯粹自我或至上自我或阿特曼本身并不属于三德、和三德没有关系，但看起来被"安排"了"享受原质三德"③。这样的"安排"，是一个大奥秘。重要的是解决问题。解决问题的根本是消除错误认同，让原人归原人，让原质归原质。《薄伽梵歌》明确说，明白了原人和原质（三德），就会获得自由，

① 毗耶娑著，罗摩南达·普拉萨德英译并注释，王志成、灵海汉译：《薄伽梵歌》（注释本），成都：四川人民出版社，2015年，第269页。
② 毗耶娑著，罗摩南达·普拉萨德英译并注释，王志成、灵海汉译：《薄伽梵歌》（注释本），成都：四川人民出版社，2015年，第269页。
③ 毗耶娑著，罗摩南达·普拉萨德英译并注释，王志成、灵海汉译：《薄伽梵歌》（注释本），成都：四川人民出版社，2015年，第257页。

"知晓灵（原人）、原质及其三德的人，不管他怎样生活，都不会再生。"[①]

理论上，我们似乎很容易理解生命的自由，但现实中，人难以真正认识到自己是原人而不受制于三德。获得自由很难，每个人都不同程度地受制于三德。但是，这种三德的捆绑并不复杂，就是原人"一厢情愿地"执着于三德。克里希那说："通过与原质的连接，灵性存在（通过成为个体灵魂）享受原质三德。（因为无知）执着于原质三德是生命体善生和恶生的原因。"[②]

克里希那透露了几个特别重要的信息：第一，纯粹自我显化为个体灵魂；第二，个体灵魂可以享受原质三德；第三，个体灵魂执着三德而陷入轮回；第四，执着的根源在于无知。纯粹自我就是至上存在，就是纯粹意识本身，就是普遍的阿特曼。因为无知，纯粹意识"局限化"导致个体灵魂的无知。这似乎也是个难以解决的问题。也有人说，这是纯粹意识自身的自我游戏。也许，这个问题我们永远也难以有个普遍的答案。但为了生命的管理和生命的圆满，我们把灵性存在显化为个体灵魂视为一个显现的现实。

---

[①] 毗耶娑著，罗摩南达·普拉萨德英译并注释，王志成、灵海汉译：《薄伽梵歌》（注释本），成都：四川人民出版社，2015年，第263页。

[②] 毗耶娑著，罗摩南达·普拉萨德英译并注释，王志成、灵海汉译：《薄伽梵歌》（注释本），成都：四川人民出版社，2015年，第260页。

　　三德显现为一切可能的对象，个体阿特曼（即吉瓦）欣赏、品尝三德幻化的果实。三德幻化的对象可有不同的呈现形式，个体在品尝三德幻化的果实时，可以感受到种种不同的经验。这种欣赏是自由的。但遗憾的是，由于个体的生命是局限化的，受到诸多条件限制，在品尝三德的过程中受到限制，遗忘其自己的本性，而执着于经验、执着于经验的对象。因为执着，而陷入种种痛苦的结果。只要不能恢复对自我的认知、认识自我的本性，执着三德就是不可避免的。

　　个体灵魂陷入无知会有不同的表现，表现为三种存在模式。这些模式可以通过信仰、食物、祭祀、思想、语言、行为、苦行、布施等等体现出来。在三德主宰捆绑下，不同的个体构成了各自的世界，似乎都有了特别的边界，从外面很难打破这些边界。并且，越是认同"我""我的"对象，这些捆绑就越紧，就越会陷入三德控制下的各种各样的"图像"中。也是在这一意义上，我们是被绳索捆绑的人。

　　当自我被答磨（愚昧）之德捆绑时，个体就表现出答磨型我慢，表现为愚蠢顽固、自我折磨、伤害他人。当自我被罗阇（激情）之德捆绑时，个体就表现出激情型我慢，表现为显摆、好争、享受、刺激。当个体被萨埵（善良）之德捆绑时，个体就表现出善良型我慢，表现为慈悲、善良、喜乐、光明。答磨我慢、罗阇我慢和萨埵我慢，它们是创造世界的三台发动机，个体的我们就处在这三个世界中，在这三个世界之间穿梭，就只能在这三个世界中看见世界，甚至在某个时期只能看见其中的一个世界。世界的大小和边界不是世界本身规定的，而是由个体的我慢规定的。

瑜伽的实践，不仅要让个体从答磨（愚昧）世界进入罗阇（激情）世界，从罗阇（激情）世界进入萨埵（善良）世界，而更高的目标是，超越这三个世界，即超越答磨（愚昧）、罗阇（激情）和萨埵（善良）之德所缔造的世界。

其实，生命的管理，就是挣脱捆绑着我们的三德之绳索，一次又一次超越三德构成的原质世界，直到看见那纯粹的自我之境。

第22章

# 脉轮再论

脉轮作为能量中心，

等待着我们去管理和运用。

瑜伽八支生命管理，目标是控制心的波动。三身五鞘的瑜伽理论启示我们每鞘都应该有一个更高的服务目标。三德的瑜伽理论告诉我们，一方面我们的生命依凭着原质三德，但是生命最终还是要超越三德，如此，生命才能达至圆满之境。

我们已经在之前的章节中讲解了生命能量的七大中心，即海底轮、生殖轮、脐轮、心轮、喉轮、眉间轮和顶轮。每个能量中心代表着不同类型的生命能量形式。如，海底轮关乎身体生存的能量，生殖轮关乎情绪和性能量，脐轮则是生命的意志和尊严，而心轮是爱和慈悲，喉轮是沟通、是表达和创造的能量，眉间轮则关乎我们的直觉和想象，而顶轮则是重要的认知和超意识的能量中心。

从不同层次的身份认同角度来说，海底轮是肉身认同，生殖轮是情绪认同，脐轮是自我认同，心轮则是社会认同；喉轮是创造力认同，眉间轮是原型认同，顶轮则是宇宙性认同。这些认同非常重要，有关生命在世间的存在。

通常而言，海底轮、生殖轮和脐轮被视为动物轮，主要关乎个体的健康；心轮则被视为人轮；喉轮、眉间轮和顶轮则是神性轮。要重视肉体的健康，就要特别重视动物轮；要特别重视人际关系，就要重视心轮；而要重视人的独特性和人的尊严，则要重视神性轮。这样的划分，对于能量的提升尤为重要。

通常情况下，首先需要重视动物轮的管理，然后才是人轮，最后是神性轮。在这世上，我们首先要有一个健康的身体。身体不健康，却去发展其他的维度，不符合基本逻辑，也难以为其他维度的发展提供最基本的能量基础和身体的动力。身体虚弱，海底轮能量太弱，身体体质较差，却去发展他的喉轮，那么一般来讲他是没有力气去表达的。若是强行坚持发展他的喉轮，那他容易出现喉轮方面的问题，甚至是疾病。若是强行坚持发展他的眉间轮，那他容易产生层次不同的幻觉，自己难以把控而被幻觉蒙蔽。若是强行坚持发展他的顶轮，那他的身体一般难以承载高维的能量，而可能陷入迷茫和虚妄。

　　从五大元素和脉轮的关系看，要更加合乎五大元素的演绎逻辑。地元素是最后出现的，其次是水元素，再次火元素，再是风元素，第一个出现的则是空元素。地元素对应海底轮，水元素对应生殖轮，火元素对应脐轮，风元素对应心轮，空元素对应喉轮，眉间轮和顶轮则没有对应的元素。这是瑜伽实践中需要关注的逻辑。

　　生命，首先以因果身存在，但无法为人的视觉感官所见。因果身则需要通过精身来显现。但精身依然也不能为常人肉眼所见。它必须继续显化为粗身。粗身，就是我们视觉系统所看见的，是触觉系统可以触摸的，也是心理感知系统可以感知的这具肉身。粗身是时间—空间中的，依赖于五大元素的建构。从可见的存在的稳定性来说，粗身最不稳定，其次是精身。一般情况下，精身不会消失。当人呼出最后一口气后就"死了"，这个"死了"其实是指生命的粗身不能再持续下去了，也即是粗身分解为五大元素。但是，生命的不受时空限制的精身则会继续流荡，在合适条件下再一次显化而拥有一个新的粗身。数论瑜伽哲学主张，当生命彻底获得自由时，原质和原人完全分离，则其精身最终也会消失，因果身最终也会消失。而根据吠檀多不二论哲学，当生命彻底获得自由时，私我消融，灵魂回归阿特曼，与梵合一，成为纯粹意识。

综上，我们生命的管理大致就可以分为两个大的层面来讨论。一个就是立足于这个世界，另一个是立足于生命的终极觉醒。

我们主张，首先应该要立足这个世界。没有这个世界，也就没有人在宇宙中的位置、尊严和各种可能。立足这个世界，生命的管理就意味着管理每个能量脉轮，有效发挥能量中心的作用，使得肉身和心理都健康。而如果立足生命的终极觉醒，则脉轮也是一种必要的工具，只有通过脉轮，发挥能量的强大作用，才能最终达至生命的超越，达至密教瑜伽哲学所说的希瓦能量和萨克提能量的融合。

通常，我们大部分人主要关心的是海底轮的强化实践。我们的老祖宗就告诉我们，海底一开，百脉皆开。海底轮处于会阴之位。海底轮是生命最基础的脉轮，是身体能量系统的出发点。海底轮向下，沿着大腿扎根大地，给我们一种稳定感、安全感、存在感。海底轮向上，则开启了能量系统的逐级提升。诸多瑜伽实践法都重视海底会阴。哈达瑜伽哲学中的会阴收束法是最基本的实践法。

生命的脉轮能量强弱、平衡或失衡，一方面是整体的、笼统的，另一方面则是具体的。整体讨论一个人的整体性能量很重要。总体来说，考虑个体的能量差异，来增强能量、平衡能量。一个人的具体能量系统十分复杂。一个人，可能他的动物轮很强，但人轮和神性轮并不强大。也可能动物轮一般，而心轮的能量非常充沛，这样的人充满爱心。也可能神性轮很强，而动物轮较弱，这样的人可能早早就走上了觉醒的道路，而忽视在世间的一切。

从脉轮能量角度来看，当生命能够意识到人是能量的存在时，人与人之间的关系就会变得不一样。如果把生命视为一个独立的能量体（A），另一个生命是另一个独立的能量体（B）。两个独立的能量体之间关系如何？关系十分复杂。可能A的能量强大而压过B的能量。可能A的能量失衡，而B的能量是平衡的。A的能量弱，B的能量强，AB间就会出现能量的流动，或者说存在一方能量的流失问题。若是AB能量同频，意味着他们各自七个脉轮之间可能存在着能量的流动，AB有的脉轮相配，有的互补，有的则是消耗的、流逝的。如此，在关系中，就可通过能量的协调、补充、转变、强化等方式来处理。如果AB在一起，整体感觉是滋养的，那么AB之间同频；如果AB感到是消耗的，或者一方或者双方更加疲倦和无力，或者感到不爽、堵心，那么AB之间可能就不同频。不同频，在一起不开心、不愉快，彼此消耗，压抑彼此的创造力，影响彼此的心情和健康。同频的则相反，在一起会开心、愉快，不会消耗无谓的时间和精力，促进彼此的创造力，给彼此带来更好的心情，有助于彼此的身心健康。我们还可以再具体一点。若是A的喉轮发达、能量强大，而B的喉轮不强但心轮发达、能量强大，这样AB在一起可能会很默契。如果A生殖轮强大，而B生殖轮很弱，AB在一起就可能不爽，难以长期共处。如果A海底轮强大，B眉间轮强大，AB可能彼此有羡慕，也可能很默契。

总体上，从水平维度考察，不同的脉轮能量，如果给彼此带来健康和喜乐，那么就可能是同频的。而从垂直维度考察，不同脉轮的能量需要彼此相应，需要彼此提升，能量中心需要从动物轮上升到人轮，再上升到神性轮。如果两个人的能量是同频的、互补的、滋养的，那么他们很可能会成为彼此的灵魂伴侣。

第23章

# 超越的困惑和自由

自由，

唯有超越束缚的自由才是真自由。

哈达瑜伽认为，我们的身体是走向胜王瑜伽的中介，人的终极目的并不是身体本身。但是，身心的健康对于瑜伽哲学实践的目标来说十分重要。这是实用的工具论思想。

传统上，哈达瑜伽哲学把身体视为圣殿，人最为宝贵的、无价的东西就在这圣殿中或在这圣殿后面。要获得这最宝贵的、无价的东西，我们就有必要重视这个圣殿，把这个圣殿好好打扮和修缮，要保持这个圣殿干净、卫生、美丽。基于此，传统哈达瑜伽特别重视身体本身，甚至被视为"身体的瑜伽"。但正确的理解应该是"通过身体的瑜伽"。当代的哈达瑜伽，在很大程度上走的不再是传统哈达瑜伽哲学的路线。当代的哈达瑜伽主要强调哈达瑜伽对身体的价值，却很少观察或重视身体这座"圣殿"中的那位主人。

随着身体的稳定和强大，有人开始意识到当代的哈达瑜伽唯身体实践是不够的、不足的，瑜伽士最终都会自觉或不自觉地穿越身体这个唯一的沼泽，而带着期望去寻找生命的源头和奥秘，去寻找自身的身体这座"圣殿"中的主人。生命不只是身体，生命需要超越。这种自我的超越是生命认知的根本性突破，给人带来不可思议的觉知颠覆。

从帕坦伽利瑜伽哲学来说，通过瑜伽八支达成三摩地，达成原人和原质的分离，心意的波动已被完全控制，心已经消融于原质。帕坦伽利的瑜伽心学一再告诉我们，生命的所有问题根源就在于心的波动。心意的波动管好了，所有的问题就解决了——心如静水，静水如镜，自发与宇宙相通，而透见万物和自我的本质。另一方面，受控的心意波动也是自由的、开放的、自得的。心意自由，但其中没有私我。基于这样博大的瑜伽心学，《瑜伽经》甚至都谈不上有什么特别的哈达式的瑜伽体位等"通过身体的"各种实践，而只是突出坐姿（打坐），为了控制心的波动，瑜伽士"坐法要安稳"。所有的坐法，都是为了觉悟身体这座城堡中的或者后面的那个主人。

　　吠檀多的瑜伽哲学也告诉我们，人容易受制于生命的身体意识，难以认出身体中的那位主人，难以认出生命就是纯粹的阿特曼，总会陷入"我""我的"认知中。一个人如果能够摆脱"我""我的"意识，他就能获得真正的自由。这样的人，就不再是抱怨的人，就是没有烦恼的人，就是不再在世间感到忐忑的人。绝大部分人难以或无法摆脱"我""我的"意识，亦是因为这样，"我""我的"意识本质就是身体意识。但是，即便已经深入认识到粗身鞘、能量鞘、心意鞘、智性鞘和喜乐鞘是五大元素的复杂构成，瑜伽士也必须要挥去遮盖在身体这座圣殿上的浮云，不再"停留"，"走过"这身体，最终"超越""我的身体"。

　　之所以困惑或者不能走过身体、超越身体，还是因为"我来到了世界"切入三德中。我们流连在三德中，原本自主、独存的灵魂就如木偶，被三德所牵引。瑜伽哲学的实践，无非就是努力认清三德的木偶游戏。如果生命的自我没有认出他自身的独特本质，没有认清他是超越或高于或与三德无关的独存的存在，那这出木偶的游戏就永无止境，就永远只能做三德安排的演员，而无法当自身生命的导演。所幸的是，这个木偶游戏和普通游戏不同，生命的自我会在游戏过程中因为对游戏好奇而警觉，因警觉而幡然"觉醒"，醒悟后而摆脱三德的限制、超越三德的构成，恢复生命真正自我的面目而获得自由。生命不是一直走啊走，从木偶游戏到跳出游戏，需要游戏者对生命的好奇本性和对人性的警觉。同时，生命也需要有一种智慧之光的照拂，需要"启示性的知识"，需要无言的"恩典"，来照亮生命的游戏和超越这个游戏的"密道"。那些圣人、瑜伽哲学家、生命的觉醒者，他们守护着"密道"，提供照亮这"密道"的知识。

穿越这"密道"，有很多方法。要疏通、打通生命的能量通道，身体成了真正通透的圣殿，智慧的光自由照耀，三身就成了生命自我的"华盖"，如此，生命自由，丰盛，圆满。

第六篇 Part Six

# 生命风流无赘

通过那，人们感知形式、味道、香味、声音和爱抚。

通过那，人们知晓相同的自我。还有什么呢？

现在，我宣布，这就是那！

他，从远古的苦行而出，这独一者，

从远古的诸水而出，他进入心穴，安住在那里。

现在，我宣布，这就是那。

《羯陀奥义书》IV，3，6

生命，风流，无贵。每个尊严的生命，毕竟都需要精神的自觉。生命的管理，瑜伽哲学的所有实践，需要的是安顿生命的内在。要在瑜伽技术实践中看见与生命自我的相应之道，更要排除身体已有的瑜伽技术经验，在技术之外看见生命自我的解放。

至此，就生命的管理，我们已经探讨了瑜伽哲学的若干实践，涉及生命管理的本质，生命的主体，体质道夏、原质三德、三身五鞘、七大脉轮、瑜伽八支等若干重要的瑜伽哲学理论，以及它们的技术实践。但是，生命不是技术，自我的风流重于身体的物质享受。如果说瑜伽哲学实践的第一层次，是通过身体完成对身体能量和心意的净化，瑜伽哲学实践的第二层次则是接受生命的自我这个主体，挖掘这个主体的内涵。我们每一个个体，都需要超越身体，都需要完成生命，都需要在世界这个大海中自适自为，都需要与宇宙万物亲和共荣。而生命的这些风流，就是我们个体生活的日常。

第24章

# 生命的日常

月亮，带着警惕的眼睛，

在夜晚航行。

——《梨俱吠陀》I, 24, 10

　　生命的日常，主要是在一定社会文化、科学技术、经济政治、风俗习惯、家庭影响下生命之生活方式的系列表达，是生活习惯、生活制度和生活意识的行为表现。日常的生活方式有不同类型，如，根据主体可以分为社会、集体和个人的生活方式；就个体来说，从个体的心理特征、生理特征、价值取向、交往方式、社会角色等方面去分析，可以有内向和外向、积极和消极、自主和依赖、激进和守旧的生活方式。而根据生活方式所在的领域，可区分为工作型生活方式、消费型生活方式、休闲型生活方式、交往型生活方式、政治型生活方式、宗教型生活方式等。

当今时代，在某种意义上，对不少瑜伽人来说，抱持瑜伽哲学的生活方式大致可以归入休闲型的生活方式。对有些人而言，瑜伽的生活方式是工作型的生活方式，因为他们需要依靠瑜伽的工作来维持生活。还有些人，瑜伽只是一种消费行为，只是日常中的消费而已。但这样的分类不是绝对的。

休闲，是身体获得暂时的自由和放松的一个标志。在休闲时，更容易有创造力，更容易获得生命的丰富经验。瑜伽的生活方式，作为一种休闲型生活方式，有不同的休闲层面。基于瑜伽哲学的三德理论，休闲可以发生在答磨能量占主导的日常中，也可以发生在罗阇能量占主导的日常中，以及萨埵能量占主导的日常生活中。

若是被答磨能量主宰，就会表现出愚昧、迟钝、犹豫、消极、灰暗、不活跃、虚幻、粗糙、毁灭、无知、鲁莽、傲慢、自大、伪善等日常特征。这一类型的日常休闲可能会表现为成瘾沉迷，比如沉迷于各种游戏、赌博、色情等等。

若是被罗阇能量主宰，就会表现出激情、力量、激进、改变、不满足、活跃、扰动、奋斗、竞争、行动等日常特征。这样的人，激情占据主导，容易处于一种积极向上、永无止境的追求的竞技亢奋中。被这种能量主宰的人，在闲暇中比较会选择满足精神需求、发展智力的兴趣和爱好。

若是被萨埵能量主宰，就会表现出善良、光明、轻盈、喜乐、满足、宁静、专注、慈爱、平衡等日常特征。日常中，至少有两种人属于萨埵主导型的，一种是行业或者领域的专家，他们把自己的爱好和天赋才华充分融合进他们的工作中，创造出有益于人类整体发展或者进化提升的事业。还有一种是修行人，通过修行抵达平和，在日常中正念思考，心平气和地对待、处理工作与生活中遇见的问题。瑜伽行者，若为萨埵能量所主宰，在瑜伽中，他就"无所畏惧、心地纯洁、坚持智慧瑜伽、布施、控制感官、祭祀、研习经典、苦行、正直、非暴力、诚实、不愤怒、弃绝、平静、不诽谤、怜悯众生、不贪婪、亲切、谦恭、不浮躁、光彩、宽恕、坚毅、洁净、无恶意、不傲慢。"①

以上的日常休闲，都需要抱持瑜伽哲学实践者的警惕。当然，以上的分法并不是固定的，大都是混合的。现实中，三种日常并不是对立的，在一个人身上，可能会在不同阶段表达出来。一般来说，坚持第一种愚昧型方式的人是比较少的，他们属于瑜伽实践中的极端人士。大部分瑜伽行者属于激情型的。理想的日

---

① 毗耶娑著，罗摩南达·普拉萨德英译并注释，王志成、灵海汉译：《薄伽梵歌》（注释本），成都：四川人民出版社，2015年，第293页。

常则是萨埵型的瑜伽方式。我们很多人渴望达至这样的瑜伽日常生活方式。真正达至这样境界的瑜伽行者还是少数。当然，达至最高境界的瑜伽日常或者日常瑜伽，应该主宰、超越三种能量，过一种超然的瑜伽日常生活。

　　瑜伽日常或者日常瑜伽可以成为我们的生活方式。这种日常，主要是保持瑜伽的态度，过一种基于萨埵（善良）能量主导的瑜伽生活。但我们也可以接纳基于罗阇（激情）能量主导的日常。只是无论在什么样的日常中，瑜伽行者都要睁大眼睛保持警惕，萨埵（善良）能量和罗阇（激情）能量都需要日常的同步积累和提升，并且要努力让生命真正的自我成为日常生活的领航员。

第25章

# 规划行程

> 不知此道的人啊，瑜伽何用？
>
> 唯有知梵者安处在平静与和谐中。

生命需要规划行程。不过，大部分人没有真正的生命规划，也很少有人一次性规划生命，即便是瑜伽行者。我们这个不确定的巨变时代，如此需要平静、平衡的生命智慧。在人类生命的诸多经验中，瑜伽的经验正在唤起我们当代人生命规划行程的反应。

在生命的行程上，我们中的部分人走上了瑜伽之路。但遗憾的是，一些人尽管和瑜伽相伴，有的和瑜伽共处了若干年，但他们的日常并没有什么改变。他们的瑜伽，还只是简单地停留在身体的运动层面上，他们还没有走进瑜伽哲学的内部，还没有尝到真正的瑜伽和自我的甘露。

瑜伽哲学谈论生命管理的规划行程，根本上是基于生命自我的独立性。这首先就需要瑜伽士了解、理解生命的自我，觉知自我的真相，洞见生命的丰盛和独存的境界。我们可以从瑜伽体位开始，但不能满足于体位、停留在体位上。在瑜伽之路上，无论是什么，凡是落进我们生命经验中的，我们都需要沉思，沉思那隐藏其内的东西。在这个行程中，要关注若干倾向。

第一，要警惕基于狭隘主义立场而选择的瑜伽行程。因为偶然遇见了某个瑜伽老师，但因其片面、狭隘的瑜伽知识和实践，就给自己规划了某种瑜伽的行程。有位H女士，学了6年瑜伽体位，就觉得她自己就是一个不错的瑜伽教练，也是一个瑜伽士。她参加了不少瑜伽大会和其他的瑜伽活动。但遗憾的是，她不知《瑜伽经》，不晓得《哈达瑜伽之光》，更没有看过《薄伽梵歌》《奥义书》等经典。Z小姐跟着H女士学习瑜伽。Z小姐所知所学的瑜伽就是H女士所知所教的瑜伽。她的瑜伽经验是H女士教给她的瑜伽体位的经验。她觉得瑜伽很不错。但Z小姐的三德是激情型的，她有一种自我挑战的冲动，她要挑战高难度的体位。结果是Z小姐出现了身体的伤害。疗伤期间，Z小姐从朋友那里了解到瑜伽不仅是一种有关体位的实践方法，更是一种关于生命的哲学。于是，她生命中的一扇窗打开了。Z小姐走出狭隘立场选择的行程而进入生命的瑜伽哲学中。她重新开始认识瑜伽，改变了对瑜伽的态度，重新规划她的瑜伽行程。

第二，要警惕基于表面主义的瑜伽行程。有人读过一些瑜伽经典，了解一些瑜伽，也实践某种类型的瑜伽，但对瑜伽所涉的生命哲学、文化、实践的了解比较表面、肤浅。他们不了解背后的思想、内在自我的真实逻辑。基于这样表面主义的瑜伽知识，不知道真正的生命意义，也难有真正的生命管理。当然，一个人开始走向瑜伽，大部分情况下都是基于有限的、表面的瑜伽，但要警惕。要怀着一颗真诚的瑜伽之心，对生命的敬畏之心，在瑜伽的行程上，就会从表面走向深入，从表象走向本质。

第三，要基于真实的瑜伽来规划我们的瑜伽行程。我们不仅要看到瑜伽现象，也要看到瑜伽本质。我们不仅要看到瑜伽伟大的传统，也要看到瑜伽在当代的巨大变化。我们不仅要看到瑜伽的精微哲学，也要看到瑜伽哲学实践的多元化。

成功的瑜伽士，一定是成功的生命管理者，他们和三德自由地游戏。他们通过实践，亲证生命的经验，丰富生命的经验。或许历史上一些瑜伽士日常生活的实践方式并不适合我们当代的瑜伽士。但值得注意的是，在他们生命的行程上，一定熟悉瑜伽典籍，一定持续地实践瑜伽，一定努力管控他们自己的生命。

我们每个人的生命行程，需要我们自己去规划。选择什么样的生活，就选择了什么样的生命。瑜伽实践丰富多彩。不管如何，走向瑜伽的人，一定会在瑜伽之路上臻达圆满。

第26章

# 体位法启迪

身体的运动是我们生命的常态。运动给生命的机体带来活力。但是，瑜伽哲学实践中的运动——如体位、调息等，不只是普通的运动，其主要的目的是通过体位、调息这样的运动唤醒生命的能量、强化生命的能量、平衡生命的能量，最终管控生命的能量。

对于体位，帕坦伽利瑜伽哲学主要强调的是坐姿。他在《瑜伽经》中主张的若干坐姿，都是为调息和专注等服务、为冥想服务。根据帕坦伽利的观点，坐姿要稳定、稳妥、稳固，只有坐姿稳了才能有效冥想，才能觉悟原人和原质的真相，也才能获得生命的自我。

哈达瑜伽哲学关乎身体的运动，这些运动，如体位、调息、收束法、洁净法、身印等，或动或静，或外在的或内部的，通过身体运动，把身体转变成为精妙的"神性身体"，并因此获得觉悟。哈达瑜伽哲学最重要的一部经典《哈达瑜伽之光》开篇就说，哈达瑜伽这门知识"对于那些渴望登上三摩地或胜王瑜伽这一瑜伽之巅的人们来说，这门知识将照亮他们，成为他们抵达顶峰的梯子或垫脚石"。[①]这就告诉我们，哈达瑜伽不仅是为了"身体的成就"，更是为了成就瑜伽的"最高目的"，那些哈达瑜伽士凭借哈达瑜伽，"不受时间或死亡进程的限制，在宇宙中遨游。"[②]而另一部百科全书式的哈达瑜伽经典《希瓦本集》甚至认为，即便无法觉悟，普通的瑜伽练习者通过哈达瑜伽的实践也能获益，这就为各种瑜伽的目的论留出了空间。

当代普遍流行的哈达瑜伽，对体位的理解与帕坦伽利在《瑜伽经》中对asana（坐姿，体位）的理解差别巨大。尤其是当代哈达瑜伽的体位，它们并没有生命自我超越的需求，它们只服务于身体，它们是"为了身体的"健康，或者平衡或者柔软或者美丽，等等，甚至有人只是追求高难度的体位展示所带来的视觉效

<hr>

① 斯瓦特玛拉摩著，G.S.萨海、苏尼尔·夏尔马英译并注释，王志成、灵海译：《哈达瑜伽之光》（增订版），成都：四川人民出版社，2018年，第39页。

② 斯瓦特玛拉摩著，G.S.萨海、苏尼尔·夏尔马英译并注释，王志成、灵海译：《哈达瑜伽之光》（增订版），成都：四川人民出版社，2018年，第44页。

果，以期吸引社会面上的流量。

时代在变化。帕坦伽利瑜伽、传统哈达瑜伽以及当代哈达瑜伽对体位的理解并不一致。并且，体位所带来的功能和效果也并不唯一。

我们已经无法回到帕坦伽利的时代了。对于帕坦伽利，体位（即asana），只是坐姿，只是需要训练身体坐稳了，因为只有身体坐稳了才能长时间专注、冥想无限者。当下绝大部分人基本没有办法冥想无限者，甚至他们并不需要一位无限者。因为，如何可能去冥想一位无限者呢？对于这部分人群，不仅做不到，而且也十分奇怪。

我们也难以回到传统的哈达瑜伽时代了。传统的哈达瑜伽，正如"哈达"二字所表征的，是为了能量，是为了能量从左右脉最终能够进入中脉。当下绝大部分人基本不再相信能量进入中脉这样的主张。他们关注的是"为了身体"，而不再是"通过身体"。这就决定了当代普遍流行的哈达瑜伽主要是身体层面的瑜伽实践。

我们需要关注当代哈达瑜伽的两个倾向。一是瑜伽运动化倾向，另一个是瑜伽表演化倾向。无论是运动化的瑜伽体位还是表演性的体位，都要考虑运动科学化，注意运动的伤害问题。当代的哈达瑜伽体位实践深受西方运动学的影响，瑜伽的体位实践更加科学，更符合身体的骨骼、肌肉、循环等系统的功能特征和特点。但是，不少人体位练习还是缺乏科学指导，尤其是运动化倾向和表演化倾向的运动，更容易造成身体的伤害。

瑜伽的体位实践，主要的效果就是身心的健康。如此，我们就要充分考虑实践者个人体质的特征，这是瑜伽哲学中三德理论和道夏理论提供给我们的法宝，也是我们当今瑜伽体位实践避免伤害的一个前提。我们已经很清楚人的基本体质有瓦塔（风型）、皮塔（火型）和卡法（水型）。我们要根据瑜伽士本身的不同体质特征，分析和实践不同类型的体位。就体质和瑜伽体位之间的关系和实践指导，这部分的详细内容，读者可参考《阿育吠陀瑜伽》第十二章以及《健康的身体 有趣的灵魂》第四章。

但是，瑜伽哲学并不只是为了身体的，还为了生命。生命有各种可能，并且生命应该为各种可能而开放。对那些渴望学习的现代瑜伽士，那些现代新型的求道者，更有那些谦卑地阅读传统瑜伽哲学经典的人们，瑜伽哲学都在不断地教促他们把眼睛向内转、为他们自己的生命去冒险、去寻找、去发现、去经验。生命的自我是内在的，是不受任何经验所限制的。生命的经验是开放的，对于生命，需要生命的自我觉悟。我们瑜伽行者需要亲自去发现那生命自我的奥秘。

第27章

# 相遇生命的圆满

所有灵魂投身肉体的过程当中，

凡是坚持正义生活，

可以获得较好的命运。

——《费德鲁斯篇》，柏拉图

从宇宙—生命的角度看，生命盛大，生命圆满，并且这种盛大和圆满是我们可以洞见的。从生命的个体性层面来讲，生命渺小，生命局限，并且这种渺小和局限是我们正在经验的。

但是，渺小和局限不是最终的，也不是我们踏步不前甚至妥协的借口。生命的奥秘，每天都在我们的日常中持续发生着，就如每天我们都看见黎明的到来一样。生命的奇迹就如火花，每一个火花都有着深沉的、难以测度的维度。瑜伽哲学的生命经验，不只是历史哲学的文献记录，也不只是瑜伽士们所实践的生命经验的回忆文档。瑜伽哲学是生命的思考和生命亲证后的一种总结和经验传递。

生命丰盛，生命圆满，但要与圆满相遇、获得丰盛就需要管理生命，需要对生命哲学的自觉实践。瑜伽哲学告诉我们，生命管理的两个维度，一是基于这个粗身的生命管理，这是水平的维度，涉及身体之健康、能力之获得、生活之富裕、社会之繁荣、财富之积累、声誉之收获，等等。一是基于精神提升的生命管理，这是垂直的维度，涉及情绪的管控、心意的稳定、智慧的通透以及对生命自我真相的认识和觉悟。

我们每个人，如果能够掌握水平维度的生命管理，那就一定健康、繁荣、富有；如果能够掌握垂直维度的生命管理，那生命就一定会从有限走向无限、从无明走向知识，从黑暗走向光明。

对生命的管理，如果只是把它放在水平维度即身体的管理上，那么他就只是个"生命的活体"，不值得骄傲，也难有人的尊严。因为仅仅人的身体生理，并不构成完整的人，并且也不是人在世上的成熟境域和意识视域。但如果只是把它放在垂直维度即精神的管理上，那么他就只是个难以显化的"灵性抽象物"。因为仅仅是抽象之物，并不是活生生的人，并且也不是人在世上所有的亲证经验。对于完整的生命，把这两个维度分开或者它们之间相互排斥，都是不可取的。只有当我们把水平的维度和垂直的维度结合在一起对生命进行管理时，我们发现，一个真正中庸的显化的活泼泼的生命就出现了。

我们可以看到，有人年纪轻轻就成就了生命的管理，如大瑜伽士辨喜就达到了至高的自我境界。而有人忙碌了一辈子也没能完成生命的管理。有的人，只是欠了一点点火候，他们需要生命中的机缘，才能主动进行生命的管理。有人罗阇、答磨习性较重，即便努力自我革命，也很难达至萨埵（善良）的生命境界。生命的管理，能否在有限时间内完成、就在我们的当下这一生完成，取决于很多因素，但最重要的是人的愿望。只要你发出了强烈的愿意之光，那就会看见更亮的光，就会走上生命的金光大道！

生命，在宇宙的层面上，在我们人的层面上，在我们之中，在我们的周围。我们人的生命，在宇宙中有着非常独特、非常特殊的地位。我们的生命的管理，需要我们迈出坚定、持久、愉快的步伐。我们的瑜伽哲学，邀请我们去实践：通过它们，实践它们，经验它们，亲证它们。

附

录

## 附录1

# 从西方哲学到印度哲学

（2017年12月20日，杭州南山书屋的演讲，有删节）

**主持人闻中教授：**

今晚在著名的中国美术学院、美丽的西子湖畔、南山书屋，举办这样一场精神盛会。我们邀请到了我国当代著名的哲学家、宗教学家，当下最重要的瑜伽哲学家，浙江大学宗教研究所所长王志成教授来到现场。王教授的思想涉及哲学、宗教、文化对话，涉及西方和东方。他的宗教对话哲学思想在学界影响深远，尤为重要的是，他的众多瑜伽哲学著作深刻影响了我国的瑜伽界。他带领团队，翻译了大量的印度传统哲学经典。因为他的突出贡献，他获得了印度总理莫迪先生的接见与肯定。王教授的成就是多方面的，我大概总结一下，主要体现在四个方面：

首先，是他的宗教哲学和宗教对话哲学的思想，他提出的"全球宗教哲学"思想体系，在中外宗教学界、哲学界影响深远，甚至引发学界的思想争鸣。其次，是他的翻译作品。王教授的翻译方向，涉及西方宗教哲学、跨文化对话思想、印度哲学。尤其是他主编的第二轴心时代文丛、"瑜伽文库"，规模大、持续时间长、涉猎广，对于推动我国宗教学发展贡献巨大。第三，是他对经典的注疏。这个工作很重要，就像佛经，因为原文生涩，若没有注疏，则较难理解。其中，特别重要的一本是对思想深邃的神秘主义者潘尼卡的《对话经》的注释，这个注释跨越西方基督教思想和印度教思想。以及对印度哲学家商羯罗只有68节经文的《自我知识》，进行翻译释论，写成《智慧瑜伽》，使普通读者也能读懂。还有一本就是最近将要出版的《直抵瑜伽圣境——〈八曲仙人之歌〉义疏》，这是印度第一流的哲学，王教授的注释让我们得以窥见真正的瑜伽智慧。第四，就是王教授的灵性散文，很多人是从他的《在不确定的尘世》这本散文集认识他的。

对于印度，我们了解吗？答案是：不了解！这个与我们中国相邻的古老国家，我们其实是不大了解的。我们对印度的了解只局限于佛教的印度。佛教的印度只是历史的印度，远不是印度的全部，也不是印度思想的主流，更不是今天的印度。王教授的思想横跨西学和印度梵学。近些年来，他将思想关注的重点转向了我们的邻居印度，尤其是他从印度的传统"瑜伽"和西方流行的"瑜伽"这两个普遍的社会现象出发，把握时代脉络，做一位学者应有的时代之思，在社会实践上，致力于推动瑜伽中国化。

人和人的相遇不仅仅有身体的简单触碰，更会有心灵的共鸣。当你在大地上行走的时候，有人在你的前面走，你听见了他的脚步声，觉得很温暖。你还发现，后面又有几个人跟了上来。这么多年来，王教授凭着他个人的行走，已经影响与温暖了很多人，不仅是学界，还有瑜伽界的很多朋友。现在，就让我们一起来恭听王志成教授带来的《从西方哲学到印度哲学》。

**王志成教授：**

非常感谢闻中教授这么高的评价和这么完整的介绍。感谢各位前来一起探讨和分享。感谢中国美术学院，感谢南山书屋，给我们提供这么好的地方。

今天晚上我要和大家分享一下我个人的生命历程——我从一个非常简单的、纯粹学习和研究西学的学生，到现在深入学习和研究东方哲学，从一个单纯的宗教哲学研究者到瑜伽哲学研究者——我个人生命的亲证经验。

我们的生命，包含身体的维度、心智的维度和心灵的维度。很多时候，我们说，西方的学问主要是心智方面的学问。不过，我自己从一开始就是身体、心智和心灵几个维度高度卷入的。因为在我看来，在中国和印度，也在西方，学问或哲学应该是生命高度卷入的。

我是从山里起步的。我的父亲和母亲都是文盲，他们没有什么大的学问。小时候的记忆基本上是空白的。在初中之前的生活，我现在也不记得了，不知道是怎么过来的。因为在山村，几乎没有与外界交流。

我的世界非常小。从物理空间上说，我接触的世界非常小。我记得小时候挖番薯，挖番薯时爬到山顶看对面的山，我的世界就前山后山那么大。那时我的知识空间很有限。到了高中，我走出山村，走进了县城。但那时我也没读什么书，因为没有钱，当然其实也不知道有什么书可以读。到了大学，我走出了县城，到了杭州这个天堂。

我的初中、高中、大学都是住在学校里的。开始时，一周回家一趟。后来，就一个学期回家一趟。再后来，一年回家一趟。我基本上是在学校度过我的日常，工作也在大学里，没去社会上工作过。

那时，生活条件非常艰难。只是，那时，我们并不知道生活的艰难，以为人人一样家家相同，就这么自然而然走过来了。也没有刻意地比较，因此也就没有所谓的"痛苦"，似乎小时候的生活还是快乐的。生活在单纯的环境中，心思也很简单。主要是生活确实也没有什么可思考的，所以就不会有太多的想法。心是直的，在学校里交往很单纯，也很少。大学毕业了，和班上很多人都没讲过什么话。当时大学没有现在这么开放，农村来的与城里的学生有区别。即便我是一个小组长，也和同学们没什么来往。

对于我来说，读初中、高中和大学都很偶然。我小学五年级，数学考了零分。偶然地，有人让我再读一年。于是，把凳子又搬到了学校，再读一年。命运就改变了。高中毕业考大学没有考上，复读了一年。高考时，报了杭州大学的经济系，但人家没有录取我。我心态简单，接受调配，结果去了哲学系。对我来说，去读哲学和经济学没区别，因为我当时根本不知道它们是什么。我数学一向不好，不及格是家常便饭。很多卷子，我根本就不去做，因为做不出来。但高考的数学，我居然得了115分，许是佛祖保佑我。120分是满分，我考了115分，一个不可思议的偶然事件。

到了杭州一切都很新鲜。因为是第一次坐火车，以至我三天后睡在床上脑袋还在晃荡。从一个世界到了另一个世界，全都充满了偶然性。大学期间，哲学类课程，我的成绩都相当好。但是，数学又不行了。

1989年时没有机会考研究生。过了一段时间，说一个大学一个专业有一个读研究生的名额。我们班很多同学成绩都比我好，七个人报名要争取这一个名额。我就做了一件很聪明又很愚蠢的事情，我居然劝他们不要读研究生，我说我家困难，找不到工作，就把机会留给我吧。经过劝说，还剩下一个同学，她英语很好，她要读，我怎么劝也没用。于是我说，你英语考试要是过了你就读吧，没过就把机会让给我。后来，她英语居然没有通过。又是一个偶然事件，让我再次获得了一个机会。但波澜再起，当时读研的同学不能在本校读，要到其他大学。于是，我的档案就转到了南京大学。不过，那时的南大嫌我们杭州大学不是重点大学，不收啊，没有办法，我就连夜赶到南京大学把档案要回来，我就在杭州大学接着读书了。

我的硕士生导师是陈村富教授。陈教授是福建人，普通话很难听懂。他对我说，去南京是好的。他的普通话我确实听不懂，字更看不懂，但他确确实实是研究古希腊哲学的中国权威。我和导师有缘，就跟他读书，并因为他而开始古希腊哲学和基督教思想的研究。当时，写论文对我是一件艰难的事。我第一篇发表的论文是研究太平天国神人关系的文章。这篇文章是我的导师一字一句修改出来的。导师对学生的影响很大。导师对学生的感情，只有当自己做了导师才有深切的体会。我很感谢陈村富教授对我的指导，他是我的学术引路人。晚期的希腊哲学高度关注人的安身立命问题。怀疑主义学派、斯多亚学派和伊壁鸠鲁学派，它们都关心安身立命，解决人的根本问题。我的硕士论文就选择了希腊怀疑主义这个主题。

　　关注怀疑主义，就想要了解它能解决什么问题。怀疑主义认为，人在世上生存，但却不安心。这是为什么？因为人做了判断，于是就会不安。你对某一个人，某一件事有了判断，你就可能产生了不安。比如你对鬼有了一个判断，你就会不安。小时候我们走过弄堂，有人说那里有鬼，我就惧怕。我们村里有个祠堂，祠堂是死人下葬之前安放的地方，我判断那里有鬼，就会害怕。但如果我们对身边发生的事情、是非没有判断，就会认为身边没有是非，也就不会害怕。希腊怀疑主义哲学的核心是不判断，是悬置。悬置的思想影响了西方哲学，甚至对20世纪的现象学都产生了影响。

　　当然，进一步，你若不知道，你就不要判断。我把怀疑主义这个主题涉及的宗教文本全部翻译了出来，最后基于这些文本撰写了我的硕士论文。我发表的文章引起了刘小枫博士的关注。1994年，他来杭州大学，其间问我硕士论文写什么，我说写古希腊怀疑主义。他看完论文，觉得挺好，就拿去发表在《道风》杂志的复刊号上了。

　　怀疑主义的研究，事实上对我后来的学术产生了重大影响。有人问，研究古希腊怀疑主义会影响今后的学术？我说会呀，因为它不判断，所以我在研究和学习的时候，我就从这种不判断中，去学习如何处理人的关系，如何处理宗教的关系。很多矛盾就是因为判断才出现的。这种生命的态度，也和人的心意是否稳定有关。人一判断，心意就会波动。因此不去判断，实际上，也可以是一种特殊的修行方法。

据说怀疑主义思想来源于印度。佛教兴起的时候，印度也有其他多种思潮，怀疑主义就是其中之一。怀疑主义的思想影响了希腊，因为怀疑主义思想的鼻祖皮浪（Pyrrhon）先生到访印度，学到了印度的怀疑主义，将之在希腊传播发展。可以肯定的是，怀疑主义源于印度，并且影响了整个西方的哲学。我对古希腊怀疑主义有好感。在我看来，它倡导不判断，意义巨大。你判断人，就会为人判断。

我的导师陈村富教授去意大利之前就在大学成立了基督教文化研究中心，回来后就带领大家研究基督教文化。该中心可以说是中国大学里第一个研究基督教的机构。我是学生，就跟在他后面慢慢学习。

1993年，我硕士毕业，我想读博士。但当时陈老师还不是博导。夏基松教授刚从南京大学回到杭州大学。因为夏老师，我们大学就有了一个外国哲学博士点。于是，我就在夏老师名下攻读博士。但在研究方向上，我则靠近陈老师，与他的基督教研究方向差不多一致。陈老师和夏老师两位教授都是学界大咖。夏老师在《光明日报》上发表过一系列研究外国哲学的文章，在全国影响非常大，我们跟着也沾光。但夏老师主要研究科学哲学，而我研究宗教哲学。他对我非常包容，说你想研究什么就研究什么吧。夏老师说，你跟着我学研究方法，研究的方向则自己选。主要是依靠自己把活干出来。

当时，宗教哲学领域研究的资料非常有限。记得有外国教授来讲学和交流，不断带来或送来一些书籍给我们的研究机构，但大多数都是传教性的，没有什么特别的研究价值。但有一个意大利的朋友带来一些书，特别有价值，其中一本叫《宗教之解释》。后来我把它翻译成了中文，出版后在中国宗教学界影响比较大。在中国研究宗教的参考书中，这本书排名比较靠前。最后，这本书的作者成了我博士论文研究的对象。

因为这本书的作者，我去了英国伯明翰大学。也因为这个缘故，我跟这本书的作者有了很多交往。我是从中国的一个小山村走出来的，偶然的联结就把我和这位作者，世界著名的宗教哲学思想家，英国的希克教授联结在了一起。

其实，当时，我不知道要研究什么，突然抓到一本书，觉得好厚，还看不懂。只是单纯看看，书上很多宗教名，佛教、基督教、伊斯兰教都出来了，再看看书的作者，啊，他写了很多书呢，有一种"傍大款"的感觉，就研究他吧。

当时我想，这个人在哪里呀，还活着吗？从书上发现他曾经在美国。于是，我就写了一封蹩脚的英文信，寄过去，两个月以后有人回信了。后来知道，回信的这个人是大名鼎鼎的大卫·格里芬教授，著名的过程哲学家和神学家。他说把我的信已经转寄给了作者，他在英国伯明翰大学，已经退休了，我没有书寄给你，我帮你把你的信转交给他了。又过了两个月，英国那边的作者知道我要研究他，立即寄了5本书给我。这样，我就跟他联系上了。当时我还说了一句话，我说，我要研究他15年。现在应验了，还真的就研究了15年。我在梦里见到他，在生活中见到他。有一次，上海社会科学院有学者到伯明翰大学访问。希克教授知道了，就拄着拐杖来见中国学者，问你们当中有没有一位叫王志成的？当时，我还是一个博士生，访学的学者中还没有人认识我。但我1994年参加过一个学术会议，上海社科院的一位研究员听过我发言，就告诉希克教授说他知道我，告诉他我还是学生，还在念书。

第一次见到希克教授，是从剑桥大学过去的。和我一起去的，是当代著名的后现代神学家和哲学家库比特。库比特和希克是好朋友，但他们的思想在观点上是对立的。我第一次在希克教授的家里就见证了两位哲学家的"交锋"。后来，我专门到伯明翰大学做访问学者，不断和希克见面交流，他对我就像是对他儿子一样。希克教授极其和善、睿智。

希克知道我要研究他的思想，他很重视，包含了一种感情在里面。他给我送书，保留了一些书的中文版权。我先后翻译了他的8本书。这是学者和研究者之间完美关系的一种体现。他去世之前开过一个纪念他90诞辰的学术会议。参加者多是他的朋友和他的学生。会议的组织者告诉我，希克亲自点名要我参加。参会的学者中也有他的论敌，而这个论敌也是他的学生。中国大陆，他就点名王志成，我就当了中国宗教多元论思想的代理。只要在中国谈到宗教多元论，一定会谈到王志成，我的名字就和宗教多元论以及宗教对话绑在了一起。这是因为我把宗教多元论这一思潮做了系统引进、翻译和创造性的研究。当然，顺便在这里指出一点，在翻译中，有的词开始没有明晰，结果在学界导致了一些混乱。在这一点上，我们是有责任的。当然，也不只是我们的翻译。类似地，在国内的瑜伽类作品翻译中，很多专业用词翻译不统一，也容易导致瑜伽界用词上的混乱。如krishna一词，被翻译成了奎师那、黑天、克释拿、克里希那，等等，其实都是同一个词。普通瑜伽爱好者往往被一堆词汇弄得糊里糊涂，甚至认为这些是不同的神。在英文中不混乱，但在中文翻译时有点混乱。而混乱的词汇极易导致人们的经验差异。

我的学术路程从希腊哲学到宗教哲学，经历了很多的不确定。某一个人、某一个事件，甚至某一本书就可能带来巨大的变化，人生的道路也可能就此改变。一张凳子，就可能改变了我的生活轨迹。一次高考中的数学成绩，就改变了我的生命轨迹。一本书，如《宗教之解释》，一个人，如希克教授，就改变了我人生的方向。如果不是这些不确定，甚至偶然，我就不是今天这个样子了。这是生命中的不确定性和偶然性。但大家也可能会说，这些不确定性的背后还有一种力量，或者一些吸引，或者洞见。

希克的思想也影响了我对学生的态度，让我对学生比较包容。我的研究面比较宽，我的学生，他们的研究方向也比较自由，他们可以研究希腊的、基督教的、佛教的、印度的、宗教哲学的、宗教对话的、瑜伽的、吠檀多的。学生的自由探索，似乎有其合理性，特别是在文科领域。

　　我是无神论者，我也公开说，我是一名坚定不移的共产党员，是一个共产主义者。但是，我也会明确说，我和一些人的理解还是有差异的。我上宗教学课程时，有些学生会惊讶：讲解基督教哲学的时候，看起来就像一个"牧师"；而当我讲佛教哲学时，就好像是"法师"。我只是尽可能客观地如实地呈现不同的文化哲学，我自己也进入不同的文化去体验。不仅要从认知上了解、理解不同的哲学信仰，也希望能够在经验上、在生存论上体验它们。有的问题，在西方哲学中没有找到答案，在佛教哲学中也没有找到答案。我意识到，在单一文化中没有解决的问题、人的问题只有通过跨文化的研究、进行跨文化的对话才能获得较为合情合理的解答。基于我自己的认识和经验，我曾向导师建议成立跨文化研究机构。我们大学原来的基督教文化研究中心，后来就成了985平台的一个研究机构，改名为"基督教与跨文化研究中心"。对跨文化对话的关注，让我受益匪浅。做任何事，我都是完全卷入的。一个问题解决了，我会很快调整，尝试自我超越。到现在，我也还在不断自我超越，一直在路上，不是在目的地，而是在行走的路上。我常常自称是seeker，探求者、求道者。

大概在1993年，利兹大学（University of Leeds）的韩德教授来我们大学做学术讲座，主题是基督教在英国的衰落。当时，跟韩德教授没有私交。但我知道，他人很好，学过汉语。我只知道，我的大学班主任王晓朝教授，在利兹大学攻读博士学位，韩德教授有过帮助。那次讲座过了差不多十年后，他突然想找人翻译一本书，也就是后来的《瑜伽之路》，这是印度近代思想家瑜伽士辨喜的一部文集。当时这本书还没有编出来，只是想先找到人再说。他先找了王晓朝教授。晓朝教授说，我不懂印度哲学啊，我的学生王志成懂一点，可以找他试一试。韩德教授真的来到杭州。我当时也并不很懂印度的瑜伽、吠檀多哲学等思想，也不知道是什么勇气让我接下了这个翻译的工作，其实心里一点底也没有。当然，接了下来，就一字一句啃。当时，我的研究生杨柳和访问学者段力萍，也一起参与了这书的翻译。翻译这本书后，似乎就停不下来了，接着就翻译第二本、第三本……不知不觉，就卷入印度古典浩瀚的哲学、文化和瑜伽之海中。

韩德教授是对我真正有影响的学者。后来，我们私交很深。他是英国利兹大学的教师，后来去了考文垂大学（Coventry University）任教。我和闻中博士去英国访学，他都带着我们到罗摩克里希那—辨喜的吠檀多中心去体验。我们和他的缘分很深。

我们国内现在流行的帕坦伽利《瑜伽经》，是国内第一本系统注释的《瑜伽经》版本，第一版出版时的书名是《现在开始讲解瑜伽：〈瑜伽经〉及其权威阐释》，由四川人民出版2007年出版。当时，就是韩德教授帮忙联系的版权，中国（我本人）、英国（韩德）和美国出版社，三方在网络上来回谈版权。当时还没有微信之类的及时交流工具，只能通过电子邮件。信发出去就等着回信，一来一往，弄了一个晚上，版权就谈定了。到目前为止，这本瑜伽经的销量可能是目前众多版本中最好的之一了。2017年，商务印书馆出版了新版，改名为《帕坦伽利〈瑜伽经〉及其权威阐释》。这本书的出版还要感谢当时四川人民出版社编辑汪濒先生，是他的精准校对，让这书受到广泛好评。①

　　我的个人生活很简单，也就是写文章、教书、翻译或写书。一直不喜欢玩，极少主动出去玩。记得去美国耶鲁大学访学，在那里大半年也没有玩过什么地方。有人邀请我游览纽约时代广场，但到了那里看看就回了，没什么感觉。有人带我去华盛顿，也没什么好看的，什么感觉也没有。我问带我们去纽约的美国朋友，时代广场的路为什么那么糟糕。他说，不同的路有不同的主人，修起来就有问题。后来这位朋友又带我们去波士顿，去哈佛大学，听了一堂什么也没听懂的课，因为讲课的是个墨西哥人，说的是墨西哥英语，没听懂，也就感受了一下那种气氛。今天想

---

　　① 2022年，商务印书馆又再版了该书，改名为《瑜伽经》。

起来，去了美国就是在房间里写文章。

西方的文化和哲学，没能让我满意和满足，更没有解决我安身立命的问题。1993年，偶然的原因接触了一部印度的经典叫《薄伽梵歌》。这是我和印度文化结缘的开始。

而我进入跨文化研究，是因为重要的学者使印度思想吸引了我。这个人就是潘尼卡。潘尼卡出版了七十多本书，九百多篇文章，他自己是一个天主教神父，也是印度教灵性导师（guru）。他的《上帝的沉默，佛陀的回答》是对佛经的翻译和注释，在佛学领域影响很大。他为佛教和基督教都做了很大的贡献，同样为印度教做了巨大贡献，这个人是真正的跨文化对话的开辟者，我们称他为"跨文化对话之父"。

潘尼卡的思想复杂、精微、深刻，西方的一般学者都看不懂他的思想，无法消化他的思想。即便我们翻译过来，国内的一般学者也读不懂。他的书需要有实修的能力、哲学的理解力以及宽广的不同的文化知识，才能真正读得进去。然而，他的思想是那么重要，他开启了一个新时代。虽然我的一个学生写了研究他的博士论文，我们也翻译了他的8本书，但读者很少，学界对他似乎没有什么反应。他的全集被翻译成多种语言出版，有意大利版、英文版、法文版、加泰罗尼亚文版、德文版等。刚才闻中博士提到的《对话经》，这本书特别重要。我根据潘尼卡的英文版翻译成中文，然后加以注释，阅读它的学者很少，大家进不去。有人说，对于这个时代来说，潘尼卡的思想来得太早了。

从表面的研究，进一步深化到深度的对话领域，我发现仅仅单纯地站在自身的立场上开展对话是有局限性的。于是，我开始让自己深入到生命层面进行对话。关于生命的对话，首先要学会我们自己跟自己对话，本质上和别人对话就是跟自己对话。自己和自己对话很艰难，不仅是因为自身视域的局限，也因为自身的我慢。

但是，我们必须要学会和自己对话，要明白"我的我""你的你""我的你""你的我""你—我—他"之间的关系。不论是希腊还是印度，哲学都是让我们要认识自己，认识自己究竟是谁。"我的我"和"你的你"，这是谁跟谁呀？那是我跟你呀。那么，我是谁呀，你是谁呀？最后还是归到认识你自己。后来，我把这个哲学问题拉开一看，"我的我"就是我的真我，真正的自我，这个自我不是简单的肉体，不是眼耳鼻舌身意，而是这些现象背后的真生命。你也不是你表面上的这具躯壳，也不是你的观念组合，而是通过你的肉身和你的观念这些东西的那个你。在印度的吠檀多哲学看来，那个最内在的你和那个最内在的我，本质上是一样的，相通的。这里面隐含着很深的东西，有着最大的生命奥秘。

潘尼卡跟西方人讲这些观念的时候，西方学界很少有能理解的。有一次，他给我写了一封信，说要阅读、要理解他的东西，必须要具备语言学、哲学甚至神学的知识和能力。懂语言，既要懂得自己的母语，也要懂得翻译的语言；懂哲学，既要懂自己的哲学，也要懂他者的哲学；懂神学，是要有能力去理解神学。我看了信后下决心要做一个懂语言、懂哲学、懂神学的人。不懂的，我就一个一个去查。就这样自我探索、自我磨炼、自我成就。我把翻译当作一种修行——不仅是心意稳定性的锻炼，也是自性的磨炼，自行显现的过程。

进入到东方思想的大海之后，突然有一天我就学会在大海里游泳了。就如学开车，突然有一天就可以开车了。通过翻译，通过探索，在人生道路上似乎像学会了游泳，生命的质量发生了微妙的变化，看起来表面上还是一样的，但本质已经改变。

当然，哲学或者宗教的探索和进入，可以理解为一种修行的路。在我认为通过西方研究完不成的时候，甚至从理智上没有完全解决问题的时候，我上半身还在西方，但是下半身已经跨入东方。经过一段时期后，就越来越明显地走向东方了。于是，开始做印度哲学，以至于我的博士招生方向都从外国哲学、宗教哲学、基督教文化、宗教对话，扩展到瑜伽和吠檀多等东方哲学了。

我自己的研究方向有了变化，工作重心就有了变化。我原来出了很多书，都是研究西学的。现在，瑜伽哲学类型的书越来越多，工作重心转到了瑜伽和吠檀多等东方哲学方向上。我发起、主编主持"瑜伽文库"。我们翻译了《薄伽梵歌》《瑜伽经》

《哈达瑜伽之光》，一系列奥义书，这些都是比较重要的东方经典。除了这些，也翻译了其他经典，自己也写书或注释典籍。不久，还会出版一本印度教里的《金刚经》，闻中博士为这书写了一篇长序。这本书就是《直达瑜伽圣境——〈八曲仙人之歌〉义疏》。出这本书的目的，是要为学术界尤其是为国内的印度学界提供一个文本，也让中印之间的文化交流有一个新的对话平台。

对于中印文化交流，我们有时似乎有一点点错位，因为在交流过程中，我们脑子里似乎只有佛教，对依然活生生的"印度教文明"了解不多，对话很少。有时和印度人交流，讲佛教，我们以为印度人很开心，他们开心得起来吗？就像一个印度人和我们讲元朝的思想一样，我们也未必开心得起来。当下活着的印度文化并不是佛教，佛教早就不流行，甚至当下的印度信仰佛教的人少之又少。中印文化交流的时候，我认为，在一定程度上有个错位，我们不容易拿出符合印度当下现实的文化和信仰的东西来交流，我们只能拿一个别人家已经"过时了的东西"去跟别人交流。佛教早就成我们中国自己的东西了。佛教，他们大都已经"抛弃"了，人家确实不可能很开心。有一次，我们去印度的玄奘博物馆，很冷清，很凄凉，巨大的博物馆，但是没有人。我们去的时候，门卫开心得不得了，因为居然有人来。印度人一般不会去参观。要与印度交流，一定是当代性的交流。印度具有5000年文化历史的东西是什么？婆罗门教体现出来的文化。现在的印度真信佛的人数量非常少，基本都是社会最底层的人。和他们交流佛教意义有限、效果有限。中国和印度两个大国之间的现代文化交流，要反思如何交流最有效。

正是看到这样的现实，我认为，瑜伽和吠檀多领域的翻译和交流，是这个当下时代呈现出来的新面目。当然，我们翻译的只是其中很少的一部分。现在，我国也慢慢建立了多个印度研究中心、研究机构，关注的人也越来越多，这是非常好的现象。

在这个过程中，个人要进入印度文化哲学的核心。但这个核心是什么？据我们的研究，这个核心仍然是印度的吠檀多文化。或者也可以说，整个印度的意识形态，其根源都可以追溯到吠檀多哲学，吠檀多哲学是印度文化的核心。我们应该进入这个内核。一个通道就是印度近现代哲学家大瑜伽士辨喜。闻中教授博士论文的主题就是辨喜的思想，他也翻译了辨喜的一本书，叫《行动瑜伽》。闻中教授认为，现在的中国更需要从辨喜那里学习行动的哲学和艺术。辨喜是把印度文化特别是吠檀多文化带到西方的第一人。他也到过中国，和中国是有因缘的。20世纪80年代，中国社科院的学者黄心川研究员就访问过罗摩克里希那修道会，黄研究员还写过一个小册子介绍辨喜的思想。

逐渐地，辨喜的书被翻译成了中文。他对中印之间的文化交流的价值也慢慢显现出来。到目前为止，艾扬格瑜伽大师主要是通过身体这个通道来促进瑜伽在中国的发展，而辨喜则是通过他的导师罗摩克里希那，再往上就直达商羯罗大师、奥义书直至吠陀文明。这一脉络可以涵盖5000年的文明。学习这种文化，意味着需要净化生命。

2011年，我的学术兴趣重点转向了瑜伽。2011年召开了中印瑜伽峰会，大会邀请了艾扬格（B. K. S. Iyengar）大师。我有幸受邀，与艾扬格大师进行了一场对话。这次瑜伽峰会，是艾扬格瑜伽在中国正式兴起的一个分水岭。

可能是因缘，我转向瑜伽和一般人转向瑜伽或参与瑜伽的视角不同。我是从瑜伽的哲学进入瑜伽的。我的哲学背景，决定了我不可能像教徒一样，会有一种迷狂。我没有迷狂，也无法迷狂。对于任何一种思潮、任何一种学说，我都保持比较理性的态度。

我始终关注印度传统文化中的一个问题，即它的"彼岸"导向，传统的瑜伽也有这样的倾向。我是中国人，现代中国人，我没有那么强烈的"彼岸"或者"来世"的倾向。我在这个世间，但不能被这个世间所控，不能成为这个世间的奴隶，不会因为这个世间明显存在的恶就放弃它、拒绝它。对这个世界，我始终保持"不放弃、不拒绝"的态度。要立足这个世界，这个世界是生命的道场，也是唯一的生命道场。瑜伽说，自在天是三德之主。在有限的意义上，人就是一个小自在天。你要明白自己的"自在天性"，要做自己身体之主，要做自己眼耳鼻舌身意的主人。能做眼耳鼻舌身意的主人，你就是自由的；做不了这个主人，就是痛苦的，你就不会自由。

佛教总是说这个世界是痛苦的。这是对于没有明白的人来说的。对于明白的人，这个世界是快乐的海洋。就像会游泳的人，不会害怕大海的狂风巨浪。学会了游泳，这个世界就是一个好玩的海洋。要立足于、扎根于这个世界，但不能被这个世界的表象绑架，不能被大海的波浪控制。我热爱这个世间的生活，非常热爱，这个世间的美好，值得我们始终坚守。

现在我的学术重心就是"瑜伽文库"。我想为中国瑜伽界做一些事情，我要努力推进瑜伽中国化。我希望能和具有5000年历史的吠陀文化对接，希望我们具有5000年历史的中国文化和5000年历史的吠陀文化对接。

从做知识的学问，到做生命的学问，这就是我的转化。

我的分享就这么多。谢谢大家。

**闻中教授：**

王志成教授给我们大家分享的内容涉入颇深，但他的语气与态度非常低调，非常谦逊，尤其是他介绍了懵懂时代的成长以及与学术的缘分。但是，我们大家要注意到，他的行走，其实就像是牧羊的少年，每一步都踏实，并且走着走着就成了王。他从山里走来，他开"啃"的都是恐龙蛋，如约翰·希克、雷蒙·潘尼卡、维韦卡南达尊者（Swami Vivekanand）、商羯罗大师，还有八曲（Ashtavakra）等，每一个都足以耗尽一位学人毕生的精力。但是王教授一个人把这么多人的著作啃开了，而且还绝非浅尝辄止。非常奇妙。我觉得王志成教授是有天命的人。

今天在座的都是各路英豪，除了中国美院的学生，还有杭州瑜伽协会的伽人们，还有作家与诗人，各方的思考者。参加这个盛会，相信大家在听过后都获得了启示，可能也会有困惑，想跟王教授现场直接交流、沟通。

**听众：**

王教授好！我听教授您的课已经六年了。一开始不太懂，现在慢慢理解了一些。今天有机会当面请教，好奢侈。刚刚老师您说"你的你""我的我"，我的理解是人跟人的交往，不要过多，不要过深，保持一个距离不要去碰触那根线。我自己很外向，我的人际交往就是保持着这个度，我自己很受用。谢谢王志成教授！

**听众：**

我是大一的学生，对西方哲学接触多一些，对印度哲学一点接触也没有。请教王志成教授，对我们这样的学生有什么书籍可以介绍？

**王志成教授：**

黄心川老师的《印度哲学史 》，还有多卷本的《东方哲学史》，里面有中国的、印度的、阿拉伯的、日本的内容，可以通读印度这部分。如果还要深入，则可以在通读的基础上就某个主题或人物深入下去。

**听众：**

王教授，您说的"不判断"，在生活中如何去践行？

**王志成教授：**

如果两个人心意差不多，彼此判断就是差不多的。如果努力保持有意识地"不判断"练习，时间长了你会发现自身的一些变化，你的心意会逐渐处于一种放松的状态。举个例子，母亲有三个孩子，孩子们为了玩具吵架想要母亲主持"公道"，但母亲走过来站在三个孩子面前，无论她采取什么安慰的方法，她都不在三个孩子之间进行判断，她在三个孩子"之上"照顾他们，不会陷入三个孩子的任何一方。我们努力练习不判断，就是要从孩子的视角，转变上升到母亲的视角和母亲的生命状态。从母亲的层面看待问题，就会有这种能力。有了这种能力，心就不容易被扰动，觉知就提高了。这样，能力一旦提升到一个高度，心意稳定，就会有一览众山小的感觉。

**听众：**

大学生有没有必要学习哲学？我们有人生的困惑但还没办法去解答。我们是学习了哲学来解答呢，还是等以后有了人生的经历来解答？我们这么年轻，应该去接触哲学吗？

**王志成教授：**

法国这个国家很哲学，大学入学的考题都很哲学。我们现在的社会越来越浮躁，很多人在旋涡中。时间走得很快，生命容易被浪费了。阅读哲学书籍应该是生活的必须，任何时候都应该有哲学陪伴在侧。你不一定要吃哲学的饭，但你要阅读一些哲学类的书，让自己有能力能够沉淀下来、思考一些重大的人生问题。

**听众：**

老师，听您的人生经验，好像每一次都是被动的、偶然的。在生命的过程中，您有没有质疑过这样的人生？

**王志成教授：**

我似乎没有过任何的质疑。因为不明白的地方，我一般就去弄明白，而不是质疑它。我读西方哲学的时候，有些问题得不到解答。我所产生的怀疑促使我去寻找答案，而不是去质疑、去批评。你们如果有导师，你们不断有疑惑，可以不断向导师提问，但不是去批评导师。这是我的立场。

怀疑和质疑、批评不一样。怀疑往往在一个人的内部发生，而质疑、批评往往发生在外部、倾向于针对他人。我倾向于在自身内部超越，而不是从外部批判。有了疑问，导师可能无法直接回答你，但应该可以给出解疑的方向或者方法。批评他者无法超越自身。我们要保持纯粹，不断精进。

**听众：**

老师，您练习瑜伽的体式或者瑜伽的冥想吗？研读经典有什么用？

**王志成教授：**

我现在也做一些简单的瑜伽体式习练，也做瑜伽的调息和冥想。我自己还学习、开发了不少调息和冥想的方法。要研读经典，经典里面是有宝藏的。许多练习的方法，瑜伽馆里是没有的。而经典中有，你可以从经典中学习到。比如即将出版的辨喜的《胜王瑜伽》，就有一种非常重要的冥想法，辨喜在他的书上写得明明白白。这是瑜伽馆里学不到的。《哈达瑜伽之光》《格兰达本集》《希瓦本集》等哈达瑜伽经典中的一些重要修习方法，大多数瑜伽馆里也是没有的。我们把这些方法提炼出来。非常重要的根本性的经典《梵经》，里面也有实践的方法，但大多数瑜伽馆、大多数瑜伽教练一般都没有听说过。而我们是需要向经典学习的。

**听众：**

您对"哲学"是怎么理解的？

**王志成教授：**

我们可以从"我听到的哲学"和"我理解的哲学"这两方面来回答。哲学，我听到的解释是"爱智慧"。怎么理解？可以倒过来理解，叫作"智慧的爱"，有智慧，并且要充满爱。找定义，就会五花八门，不同的哲学传统，不同的流派，都有它们自己的定义。

对于哲学，我不是单从定义理解，我更加重视的是个人亲证的经验。从后现代意义上来说，印度没有哲学，中国没有哲学。法国哲学家德里达（Jacques Derrida）曾经访问中国，说到中国没有哲学。结果和中国的学者吵起来了。中国学者认为你看不起我们啊，我们怎么会没有哲学呢。其实，中国没有西方所定义的那个"哲学"，中国历史上没有"哲学"这个词语，它是从日语翻译过来的。

德里达是解构性的哲学家，他是在解构哲学，中国没有哲学对他来说不是坏事。我们中国古代的思想，并没有西方的那套哲学概念系统。我们千万不要被西方的哲学概念套牢。我们只是没有西方人所谈的他们那种哲学范畴系统，我们自身也不能规范到西方人所界定的他们那种"哲学"中。我们有我们自身的思想话语结构。

潘尼卡有一篇文章谈的就是"比较哲学"。他理解的哲学就是智慧和爱的合一。西方和印度，这两种文化间难有可通约性，但有着文化之间形式相似的等价词。印度有一个词叫"梵"，西方有一个词叫"上帝"。当然，我们中国上古时期有一个词也叫"上帝"。梵和上帝这两个词在它们各自的文化中都是最高的范畴。它们不同，但属于形式相似的等价词。如果把梵翻译成西方的上帝，似乎就成了西方文化对印度文化的殖民，这样的翻译就有西方文化霸权主义的色彩。潘尼卡研究得很深入，他认为这是两个系统，可以对比研究，但不能混在一起。他要我们从跨文化的视角来理解。要打开视野。

你问我哲学是什么，从行动上讲，就是追求一种事物本来的东西，就是爱智慧。但是要爱智慧，还要服务自我，服务当下，服务这个世界，这个智慧，就是智慧地爱。从实践的维度来讲，比如，你学习行动瑜伽，通过行动瑜伽参与这个世界，这就是行动瑜伽哲学的一种实践，就是哲学的行动。

对于自我觉悟的人，说他是没有哲学的，是不准确的，他的哲学已经融进他的全部生命、他的全部生活中去了。一个文盲就没有哲学了吗？一位觉悟了的人，没有读过书，没"文化"但觉悟了，他可能遵循了某位导师的教导或指点，把那个学到的东西变成了他的生命，完美的生命状态由此呈现出来。他的哲学，比我们嘴上说出的哲学更加哲学。

**听众：**

西方哲学的最高范畴是上帝，印度的则是梵。它们之间存在不存在一种系统，可以解释它们之间的联系？

**王志成教授：**

总体来说，西方文化与印度文化差异很大。但据说，印度文化的确影响了古希腊的哲学。据我所知，印度的医学和哲学对古希腊是有直接影响的。古罗马时代，新柏拉图主义出现。而这种哲学形态就和印度的吠檀多思想关系密切，应该确实受到了印度思想的影响。新柏拉图主义直接影响了基督教神学思想。

很有意思的是，西方的基督教似乎不是西方的，而是东方的。耶稣不是西方人，是东方人。耶稣的思想，似乎也不是现在主流的基督教神学里讲的内容。我们可以注意到，耶稣的思想中有很多吠檀多哲学的内容。也有佛教学者说，耶稣的思想具有佛教的气息。

我们也可以把耶稣理解为瑜伽士，有着非二元的思想，也是瑜伽的践行者。有一本福音书叫《多马福音》，我的一个博士撰写了研究它的博士论文。这本福音书是耶稣和弟子多马之间的对话，有114句话，很多句子很难读懂。但是我发现，如果从吠檀多立场出发，就相对容易读懂。不二论思想是理解耶稣的行为和话语的钥匙。他的很多话，对一般人似乎很神秘，但从吠檀多角度理解，很自然，即没什么神秘的。

**闻中教授：**

感谢各位的提问和思考。我相信，大家还有很多问题，因时间的缘故，提问就此结束。对今天的盛会，我做一个小小的总结。

王志成教授说到了东方，也说到了西方，不由让我想起了深受康德哲学影响的叔本华。有一次，他偶然读到了法国学者迪佩隆（A. Duperron）自波斯文翻译过来的拉丁文《奥义书》，他被震惊了。在他的《作为意志与表象的世界》的序言中，他说：这本书被我读到了，是我生的安慰，也是死的慰藉。在这本书中，他还说，这（奥义书的思想）迟早会，而且注定会成为全人类的普遍信仰。再举个例子，曾有一位天才学生，他努力学习梵文，不料读到印度的吠檀多哲学，他再也没有动力去钻研西方哲学了，这个年轻人就是艾略特（T. S. Eliot）。他后来成了一位伟大的诗人。

东方的哲学，是古老的，是能够把哲学活出来的。哲学，如果理解为"爱智慧"，这仅仅是知识论的进路。但当你"以智慧去爱"的时候，就是存在的维度了。

王教授刚才的演讲，可以用三个词来概括：天命、联结、卷入。

第一个词是"天命"。"天命"不是迷信，不是盲目，不是偶然。尽管王教授谦逊地说他的经历或者人生的转折点非常偶然，但是这种"偶然"建立在他自身的"坚持""信念"上，建立在对趋势和社会现象的敏锐和把握上，没有对生命的热爱和信念，没有对社会现象、对学术方向、现实问题的把握这个能力基础，即便转折点来了也不能抓住。

第二个词是"联结"。王志成教授联结的人物，无论是古典希腊的、近代西方的，或者印度过去的或当代的，像商羯罗、维韦卡南达，这些人物都是行业的大咖。当年，我做了王志成教授的学生，跟他学习，我对老师说，如果不是圣人我是不会研究的。当时王老师指着书架上的九卷书，对我说，这个出家人维韦卡南达尊者就是伟大的圣人。于是我也联结上了，就研究了维韦卡南达的思想。王志成教授联结的，都是古往今来最重要的一些思想家。他给库比特写信，给约翰·希克写信，给潘尼卡写信，这些都是联结。这样的联结，王老师非常谦虚说都是偶然的。其实不是，这些联结建立在王老师对这些大咖思想了解的基础上。

没有对他们思想的基本了解、没有对这些思想的深刻洞见，甚至是某种思想的直觉，是联结不上的。王教授是深刻的，具有一种思想的洞察力。

第三个重要的词，就是王志成教授说到的"卷入"。当我们研究或学习一种思想，把生命都卷入其中的时候，这个学问就成了生命的学问。生命的学问最本源，一定要卷入里面才能真正明白。古希腊的、怀疑主义的、宗教对话的、跨文化的，瑜伽的、吠檀多的，每一次，王志成教授都是全身心卷入的。不是在思想这座房子的外面站着，批评这个房子哪里不好，而是进入房中体会房子的种种，"譬之宫墙，得其门而入，才能窥见室家之好，见宗庙之美，百官之富。"没有内心的欢喜，没有卷入的热爱，什么都做不好。

王志成教授再一次接上了印度的思想，接上了经典的吠檀多思想、瑜伽哲学的思想。我个人宁愿把当下的瑜伽和中国的这次相遇，看成是印度跟中国的第二次相遇。第一次是相遇佛教，这一次是瑜伽哲学。王教授致力于推进瑜伽的中国化。就如中印第一次相遇，佛教中国化生出了禅宗一样，相信中印第二次相遇，在瑜伽中国化进程中，一定会生出中国的瑜伽之花。

附录2:

# 理念辨析与"生命的管理"

（应108文化传媒的邀请所做的问答）


Q＝108文化传媒

W＝王志成


Q：在您的书里，提到三种知识，理性知识、感性知识和直觉知识。三者在瑜伽的学习当中，分别发挥怎样的作用？

W：我们需要感性知识，来进入瑜伽哲学文化和瑜伽的实践。那些可以感受到的、具体的、可看见的信息和效果，可以引发人们探究瑜伽哲学的兴趣。一开始就讲偏理性的瑜伽哲学知识，一般人就逃了。同时，当然，瑜伽是综合的。瑜伽既是哲学的，也是哲学实践的。瑜伽的背后有着很深厚的理论性建构。历史上的瑜伽，是作为一个哲学的流派出现的。古代印度六个正统哲学流派，瑜伽派就是其中之一。帕坦伽利的《瑜伽经》就是瑜伽派的代表性哲学学派经典。当然，《瑜伽经》既有实践的指导，更有理论的构造和论述。对于想要深入学习、想要探索生命之奥秘的人来说，就应该阅读这些哲学学派的典籍，包括对经文的注疏注释，这是第二种知识，学习的人已经比较少了。第三种，直觉的知识，或者内观的知识，需要进行长期的冥想实践而来的知识，学习这些知识的人就更少了。因为，这个时候，需要生命更加向内，要主动地唤醒生命的潜层意识，对事物的洞察不再是主要以理性的方式演绎出来，这些洞见就像水中的气泡，从潜意识中"冒"出来。也像做梦，梦忽然就出现了。当然，也有"清明梦"一说，那就要更加主动地让潜意识"冒"出来。在内观、直觉的过程中，这种知识的结果呈现出来。对我们生命而言，对瑜伽哲学而言，这三种知识都是需要的，也都会出现。也可以说，这三者形成了一个金字塔结构：从基础的大众层面，感性知识需要更多；进一步，就会追问理性知识，对瑜伽哲学感兴趣；再进一步，在直觉、内观或者说冥想实践过程中，对知识的洞见自己跳了出来。其实，也不是自己忽然就"跳"出来了，而是因为通过阅读经典、坚持冥想实践、内在意识自我演绎等之前的积累，好像忽然获得了一个结论，悟出了一种观点，出现了一个独特的洞见。而本质上，这是自然的过程。

Q：姚卫群教授有一篇文章，主张帕坦伽利的《瑜伽经》哲学是有神论的，最终是要增强直觉力、达到特定的宗教体验。您认为这种观点如何？

A：姚卫群教授是研究印度宗教、印度哲学的先驱。但是，认为帕坦伽利《瑜伽经》哲学是有神论的，这种观点还是有非常大的争议的。我们可以从两方面分析。第一，在印度历史上，瑜伽哲学，在很多时候和婆罗门教以及其他的不同宗派之间都有着内在的联系。这种联系会给我们带来一种印象，即瑜伽似乎是带着宗教性的。但是，《瑜伽经》本身不是宗教派别的经典，而是哲学派别的一个经典。如果沿着姚先生的理解，通过《瑜伽经》中给出的实践方法，与婆罗门教或密教结合，获得的一定是"某种宗教"的经验。而大概率也可以用瑜伽的实践法，去体验佛教的佛理，也可以获得一种佛教的经验。这是瑜伽作为一种实践的方法——尤其是它的冥想之法——可以应用到不同的领域，因为冥想等方法本身并不存在有神、无神的问题或者判断。进一步，帕坦伽利《瑜伽经》中有一个"自在天"，但是这个自在天不是吠檀多派的"自在天"。古代印度的吠檀多派和数论派，对同样名字的两个"自在天"的理解区别非常大。其实它们是两回事。早期的数论是无神论的；到了中晚期，数论发展成了有神论。《瑜伽经》接受的理解，是相对早期的数论，谈不上是"有神论"，只是借用了其中的一个词，即所谓"敬神"（敬的就是这个"自在天")。帕坦伽利讲的"自在天",和印度一般讲的也有区别。他讲的"自在天",相当于我们中国人讲的孔子,类似于要对一个伟大的、觉悟的圣人致敬,或者类似于我们的《黄帝内经》讲的"真人",因为这位圣人、真人是瑜伽实践的先驱,获得对生命的自我的洞见。帕坦伽利的"自在天"不能归到神的范畴,或者我们退一步说,这个"自在天"是特殊的原人。另外,对于印度,"神"的概念非常特别,似乎有着同万神殿里一样的神灵。但是,自吠陀时代以来,他们的"神"就是特殊的具有某种能力的存在,并不是西方基督教哲学意义上的"神"。我们主张的瑜伽哲学,并不存在西方意义上的"神论"。严格说,《瑜伽经》本身是脱离了有神论的。

Q:也即是,瑜伽哲学的实践,是实现"生命的管理",而不是实现特定的宗教目标。

W:是的,我们所讲的瑜伽哲学,是生命管理的实践,不是宗教的,也不是宗教性的。疫情期间,我做过一系列讲座,后来整理出来出了一本书就叫《生命的管理》。从生命管理的角度来说,瑜伽是一种有效的方法。

Q:在《瑜伽经》中,原初物质(原质)具有三种性质(guna),善性(sattva,又译"萨埵")、动性(rajas,又译"罗阇")和惰性(tamas,又译"答磨"),在三性作用下,演化出"觉"(buddhi,菩提)、自我意识(ahamkara,我慢）和"意"（manas，莫那），再后面是五知根、五作根、五唯、五大……同时又有一个"心"（citta）的概念。"心"与"觉""我慢""意"容易混淆。按您的理解，它们之间是怎样的关系？

　　W：在原质和原人这对概念范畴层面，《瑜伽经》基本采取了数论哲学的核心。根据这个哲学，原质确实有一个演化的秩序，原质首先演化出"觉"，也被称为"菩提"，或者"大"。然后演化出ahamkara，即自我意识，又译作"我慢"。这里需要注意的是，"我慢"这个词是数论派使用的，帕坦伽利并没有使用这个词。就是说，帕坦伽利没有完全沿用数论的所有范畴。帕坦伽利造了一个词asmita，意思类似于"有我"。在印度访问时，我曾专门就此问过斯瓦米·巴伽南达asmita和ahamkara有什么区别，后来我也参考了斯瓦米·韦达的说法。简单来说，asmita（有我）是功能性的，表现为一种自私自利，但这种自私自利是可以被消除的。ahamkara则是结构性的，是从"大"衍生出来的，是具有本质性的物，不能被消除。斯瓦米·巴伽南达说，"我慢"有3种，一种是善性主导的"我慢"，一种是动性主导的"我慢"，一种是惰性主导的"我慢"（因为"我慢"也属于物，所有的物皆有三性）。佛教里也讲"我慢"不是正向的。但是我们要知道，"我慢"很复杂。善性"我慢"的人，心地善良，心地光明，与人为善，这也是"我慢"的不同表达。瑜伽哲学里讲要消除"我慢",最终连善良属性的也要消除,那指的是终极的觉悟。还有"意",manas,心意。"意",即五知根、五作根之外的"意根",加上五知根、五作根,这11种根是人的11种感官功能,它和"我慢"是不一样的。《瑜伽经》里还有一个关键词,citta,心,它是一个整体,就像仓库,仓库里有3种东西,一个是菩提(觉),一个是自我性(我慢),一个是心意,三者共同构成了这个整体之"心"。

Q:我感觉我们处在一个概念的游戏中。请教教授,关于三摩地。黄宝生老师把三摩地译作"入定",他认为,有智入定相当于有种子入定,无智入定相当于无种子入定,具体内涵有些差异。我看,在您的书中,依据费厄斯坦(Georg Feuerstein)的研究,展示了三摩地的另一种次第。能给大家说一下相关的研究吗?

W:西方瑜伽学者中,费厄斯坦是数一数二的人物。他对三摩地的区分,并没有完全依照《瑜伽经》。他探讨了从日常的清醒意识到最高的独存境界可分成多少次第。国际瑜伽学界对三摩地也有多种解读。其中有一个人是拉玛那·马哈希(Ramana Maharshi)的弟子弗劳利(David Frawley)。这个人很厉害,专门写过对三摩地的理解,在传统三摩地探讨的基础上增进了很多。比如在惰性能量控制下有没有达到三摩地,动性能量控制下有没有达到三摩地,善性能量控制下有没有达到三摩地,又分别达到怎样的三摩地，等等这类问题。在分类上，弗劳利的主张和帕坦伽利也不一样。他认为，生命在惰性状态下也能达到三摩地，但不属于帕坦伽利所说的三摩地。帕坦伽利的三摩地，前提是人的状态提升到善性能量，善良的人才能体验到三摩地，激情澎湃的人还体会不到，因为帕坦伽利是从"心如止水"的角度谈三摩地的。普通人可能体验不到，因为我们没有把本性修成善性类型的能量形式，而生命中充满了激情能量。而根据他的理解，要把三摩地从惰性（愚昧）状态、到动性（激情）状态、到善性（善良）状态，一层一层地提升，这样就增加了好多。比如说，马云有没有可能进到过三摩地？应该是有过的，如他可以有激情状态，陷入全是金钱的三摩地……另外，也有惰性状态的神秘体验，一种神秘的出神状态。因此，三摩地可能各种各样。我们回过头来再看，帕坦伽利主张，不要惰性状态的三摩地，也不要动性状态的三摩地，而要从善性状态起步，要平静、和平、光明、慈爱，要从这个层面去开启三摩地。在这个背景下，人对于物，或者说对"相"的观照，有不同的层面，比如有寻、无寻（寻，即思考），有伺、无伺（伺，即观察），等等。但是，帕坦伽利确实没有明确谈到"有我三摩地"。毗耶娑在他对《瑜伽经》的注疏中，发展了帕坦伽利的瑜伽理论，说瑜伽就是三摩地。这不是帕坦伽利的观点，而是毗耶娑的。所以大家看到，单单一个三摩地概念，学者们的理解也是多角度的。帕坦伽利讲了五种三摩

地，有的没那么细，没有费厄斯坦那么具体。要加以区分。一种
三摩地的立足点、聚焦点、专注点在什么地方，产生的效果就属
于那种三摩地。有人说，我专注不了，只能专注于可以看得见
的、有形的对象，那么，我们说这种三摩地相对浅一些。如果专
注于看不见的、无形的，那就更深了一层。我们一般人专注不了
精微的对象，如面对没有形状的蜡烛，看不见的火焰，怎么能专
注得起来？所以，分析专注对象，大致就能区分达到哪一层三摩
地。这是理论上的讨论。而实践，你一个阶梯、一个阶梯地前
进，实践不了，继续努力，实践不了，继续努力……但同时，应
有一个理论方向上的指导。帕坦伽利会问，你现在观到什么程度
了？做到了，好，换一个，进一步，继续专注。如果专注进不
去，那就继续努力。

Q：帕坦伽利的目标——独存，是不是我们常常听到的"证
悟"？

W：很多人说的证悟，指的是对世界的一种洞察，对万物
的一种观察力，和经典意义上的、终极意义上的"证悟"有很大
差异。但是，人，作为一个生命体，在世上存在、生活，又离不
开这个我慢。离开我慢，差不多人就消失了。因此，从某种意义
上讲，传统所谓的"修行"有一个可怕之处，即你说我最终修成
正果了，这可能就意味着与这个世界说再见。有人会理解，根据
《瑜伽经》，独存实现，原人和原质彻底分离，那根本就不在这

个世界了，因为世界是由原质通过三性作用演化出来的，分离了，就不在其中生活了。这也是一种关于宇宙万物的描述。但我们并不这样理解。站在吠檀多派的立场上，人们反对数论派这一套，当然数论也不接受吠檀多派。实际上，很多问题也经不起深挖，要挖出问题来的。吹气球，得有一个吹气的孔。任何理论体系也必须要有这么一个吹气的孔。假设气球就是那个系统，看起来完美，人在系统里悠哉游哉，也快乐，因为什么都讲通了。但是追问的人，一定会追到吹气孔那个地方。任何体系，都不能够无限地倒退或者还原。一定会有一个孔，一定会有一个出发点。看起来是自我的彻底"解构"，但其实是虚无主义。我觉得，我们国内的知识界，有一股文化虚无主义、历史虚无主义、本体虚无主义、价值虚无主义、生命虚无主义的思潮。我不欣赏这些虚无主义。虚无主义，本质上，是还没有洞见生命的奥秘和存在的奥义。至于我们的瑜伽哲学，当然里面没有虚无主义的东西。

Q：您在书中解释说，"人进入独存，可以说作为一个具体的人已经不在"。乍一看可能吓一跳，但对此我的理解是，平常大家说"好死不如赖活"，其实应该说"赖活不如好好活"，而如果已经好好活过了一生，时候到了，赖死肯定也不如好死。能以一种喜乐，甚至感觉永恒的状态离开这个世界，何尝不是一种福佑。

W：要说达到那个境界，我们还在路上。我明确主张瑜伽中国化。我在解读《瑜伽经》的时候，做了一项工作。我好端端地有身体，我好端端地有喜乐，我好端端的眼耳鼻舌身能感知这个世界，凭什么我要放弃这个世界？作为一个明白人，要如何重新面对这个感性的世界？背后隐含的是"执"与"不执"的观念，以及吠檀多派讲的：我们要成为"物"的目击者。什么意思呢？我在吃这个美食，我的眼耳鼻舌身在感受这个美食，感受这个世界的美好，但我不能认同于这个美食。我不能依附于、执着于、黏着于这个美食之"相"，自我的意识（或者说纯意识）要能够跳出来。这样，才能不为"美食"所束缚、所绑架，才能不成为"美食"一样事物的奴隶。瑜伽要"离苦得乐"，就是说，要通过"目击"的方法，让生命跃出这三德之外，明白自我和对象的不同，进入不执的状态。在我的理解中，这种不执就是三摩地。这等于说，我已经感受到、觉知了、洞察了，虽然三德支撑起我的命，但我的自我能够摆脱这些三德的限制，我的自我能够让我自身抽身回来，抽身回来就意味着"不执"。《瑜伽经》讲，修习和不执是瑜伽的一对翅膀。大概就是这个意思吧。不执，不就是最终让你的意识——这个原人——能够摆脱原质对你的限制？只有不执，才能摆脱束缚，才能获得自在。

Q：有朋友提问，如何发现自己已经进入了三摩地？

W：你在三摩地状态，你自己是发现不了你自己在三摩地中的。但是从一个状态出来的时候，你可以去观察，哦，那一个状态可以归入某一个阶段。这是可以观察到的。曾有人问罗摩克里希那同样的问题。尊者说，他进入三摩地，稀里糊涂进去，稀里糊涂出来，不知道怎么回事。

Q：在帕坦伽利瑜伽八支这条路上，我们大部分人跋涉在前段，而难以进行到后段。经典是实践的地图，但《瑜伽经》这样的经典，我们本来应该是很难看到的。若是回到传统语境，我们会被不少壁垒挡在外面，如瑜伽师徒传承的壁垒，语言游戏的壁垒……

W：在我们对《瑜伽经》的注释中，已经把部分瑜伽的密码解开了。比如第三章力量篇，主题是瑜伽的力量，各种功能，就像我们古代道家的经典，文字都是密码，一般人很难读懂。第三章有好多词，我认为就不是字面意思，如专念于太阳，这个太阳，一定不是天上的太阳。《瑜伽经》中瑜伽八支的第五支制感，制感是向内的，不可能向外。人体是一个小宇宙，小宇宙的道理不应该随意套到外界对象上。这里，我们要了解内部的生命系统。有关专注对象的言语，看上去描绘的都是外界的对象，事实上讲的是里面的对象。它是一个隐喻。道家《周易参同契》，那是炼丹的经典，里面的词一般人看不懂，解释老半天才明白。因为他们本来就不是让外人看的。但在传承中，讲得很清楚。《瑜伽经》也有类似的密码，特别是第三章，一般人很难搞明白。

Q：我有一个问题，就是，这些神通（瑜伽的力量），如果在粗身层面，粗身本身就是物，是原质因三德比例不同而演化的，"原质的产物，如何可能摆脱原质本身呢？"所以，一定不是在粗身层面来讲"瑜伽的力量"（神通）的。我在《瑜伽对"特异功能"说不！》一文中，也建议要和行业周边贩卖神通的人保持距离。现在，我们回到关于"觉"的话题。专业的瑜伽教学，都会谈觉知，而《瑜伽经》的一个重要关键词就是"知觉"。作者认为，我们往往将知觉误认为真正的自我，知觉差不多又是唯一的工具，像一面镜子，能够映照出那个真正的自我即原人。所以，要让知觉回到善良状态，即平和、纯净，因为"知觉本性具有光明性"。说起来这跟禅宗的"明镜"这个比喻，是不是有相通之处？

　　W：对佛家而言，没有真正自我或者灵魂这样的东西。正统佛家认为，阿特曼，atman，永恒的自我，是没有的，灵魂也是没有的，他们讲最根本的是"觉"。"觉"就像一个舞台，所有人都在舞台上表演，来来去去，但这个舞台白天黑夜一直在。这个舞台相当于在目击、观照一切，显现出来，我是一个小丑，我是一个英雄，我是一个国王。佛家或禅学主张，这个"觉"是永恒的，其他都是短暂的、变异的。以商羯罗为代表的吠檀多不二论哲学，和大乘佛教的思想有很多相近之处。《瑜伽经》也涉及目击。区别在于，帕坦伽利强调，目击者和目击对象都是真实的。这个目击意识（witness）很重要，watching I'm watching——看我在看。

Q：最终的见地不一样，但主要的"开发接口"是类似的。在《瑜伽经》的注疏里面，毗耶娑多次批评佛家，说他们是"刹那论者""毁灭论者"。读起来，仿佛看到他们因见地不同而吵架。时隔千年，我们还看得到他们吵架的一个成果。

W：印度古代还有一本书叫《梵经》，我们也在研究。它站在吠檀多的立场，对佛家、对瑜伽、对数论以及其他各家都有批驳。

Q：观点都一致也就没意思了。接下来想请您谈谈呼吸或调息，觉知的对象常常是呼吸，观呼吸。

A：最近我们出了一本书就叫《调息法70种》。其中，对哈达瑜伽调息法、阿育吠陀调息法、道家调息法，还有西方发展出来的现代性的调息法，进行了梳理，也在我自己实践的基础上进行了整合、完善。根据瑜伽哲学，生命五鞘，其中，呼吸是能量鞘中的。调息，我们用的是pranayama这个词，主要就是能量鞘层面上进行的生命的管理。生命的能量（prana）要管理、管控。从管理能量的角度理解调息，应该是很好的生命哲学的实践进路。从逻辑空间（不是事实空间）来讲，能量鞘处在粗身鞘和心意鞘之间，向下影响身体，向上影响心意。对于心意，《哈达瑜伽之光》就明确说，呼吸稳定，心意就稳定。这一点也是我们从实践中获得的经验。在粗身层面，气不畅，身体就会出问题。通过不同方法的调息，直接影响粗身的状况，在这个意义上，调息是生命唯一可以自主控制的，既作用于粗身，也作用于心意。调息法作用独特而直接。我有时候就说，若论养生，调息的价值肯定超过体位。体位法重要，但如果调息不跟进，单纯的体位练习效果就会大打折扣而失去它的独特意义。只有进入调息层面，瑜伽体位的意义才真正呈现出来。进一步，调息通过作用于心意鞘，会进一步影响智性鞘、喜乐鞘，对整个生命都会发生作用。这个进路非常值得重视。

Q：调息练习中，有哪些格外需要审慎的地方呢？斯瓦米·韦达（Swami Veda Bharati）曾说，哈达瑜伽里面经常被滥用的，就是住气（屏息）的部分。

W：调息法与生命的能量直接有关，因此，一是要重视它，另一方面也要管理好它。我们必须要谨慎练习调息。我们需要好的合格的老师指导，老师要知其然，也要知其所以然。除了有合格的老师指导，还必须要重视你自己身体的反应。身体感觉到了、告诉你"不对"，你就应该立即停下来，而不是强撑着做下去。身体的感知、反应，是自己最好的老师。另外，从简单的练习开始，重复做，有了进步，再到下一步。而不是一步登天，一上来就住气，还住气很久，这是不对的，不符合正确实践的规律。由易到难，由少到多，身体实际感觉良好，慢慢地逐步地提升自己。平常我们以为呼吸人人都会、调息人人能练，但其实调息练习也是要根据自身的体质来进行的。体质与调息的方法不配，则非但没有什么效果，严重的还会造成伤害。我是从阿育吠陀、不同体质的角度反思调息的。比如，总体来说，风箱式呼吸就不可以练很多，就如老子讲的"骤雨不终日"，如果你的体质是风型体质，你练很多风箱式呼吸，阳气耗损，反受其害。另有一些调息法，细细的，慢慢的，长长的，5分钟可能不够，那就可以再练练。因此，调息和个人体质有关，与强度有关，与调息法本身的特性有关。深入理解调息，对生命的健康、身体的疗愈都有独特的重要作用。

Q：有朋友问，是不是练习体位法7年之后，才能练调息？

W：举个例子，我们中国人练习导引、吐纳，有时候练的可能是站桩、打沙袋这些体能训练。我知道印度有位斯瓦米，他学调息时，他的老师让他天天爬树或者攀岩。一会儿在树上，一会儿在河里，一会儿在山上，像个动物一样折腾，把身体折腾得棒棒的。他没有练习体位，可是能做很厉害的调息，后来成了有名的斯瓦米。近代瑜伽改革的先驱人物罗摩克里希那，有一位弟子辨喜，同样是大智慧师。据我所知，辨喜就不会双盘（莲花坐），基本上也没有练体位法。近代之前，印度没有什么瑜伽人练体位，只有练哈达瑜伽这个小众群体练习体位法，努力让体位法发扬光大。但是，哈达瑜伽也没有停留在体位上。调息的学习和练习，在印度传统里是普遍的。以辨喜为代表的近现代瑜伽士，他们不练体位法，也不宣扬体位法，在辨喜的瑜伽体系里，哈达瑜伽没有位置。而在他特别重要的《胜王瑜伽》里，辨喜明确告诉我们如何进行简易的左右脉经络调息。在哈达瑜伽的一些传统中，可能重视他们体系内的练习，体位法练习多年之后才开始练习调息，这是传统内部的做法。我们需要以历史的眼光、更广的视野，来理解调息这件事。

Q：有观点认为，《瑜伽经》对身体的态度不甚友好。人们认为，应该要像哈达瑜伽那样，对身体好一点……帕坦伽利是修行人视角，态度很明确，就是要认识身体的无常、不洁。而我们的角色、瑜伽的目标不一样。应该建立怎样的身体观？或者说，应以怎样的态度进行"生命的管理"？

W：在《生命的管理》中，我专门用了一章来讨论这个问题。印度传统中，吠檀多、佛学以及许多其他学派，基本没有就身体的重要性进行专门的论述，甚至直接忽视重要的身体。哈达瑜伽传统重视身体的作用，他们"通过身体"，把身体作为走向三摩地、走向觉悟的通道，这个通道是否纯洁、健康、强壮，直接影响着三摩地的实现。我们当代瑜伽人看待身体，没有或者很少关注身体背后的因素，而只关注身体本身。传统上，包括帕坦伽利《瑜伽经》在内，首要关心的是三摩地，是精神的解脱，是对生命的自我的觉知。他们往往淡化粗身，但并不是说粗身不重要。比如商羯罗，商羯罗似乎就不那么重视身体。他的短寿，跟这个不重视有没有关系呢？我们无法知道。我曾经写过一篇文章，谈到智慧瑜伽过于重视解脱与觉悟，而对身体不够重视。现在有一些瑜伽朋友，觉得身体是臭皮囊，不重要。对此我是不认可的。身体对于我们很重要。我们应该要吸收哈达瑜伽对身体的认可和重视，同时也可以从阿育吠陀瑜伽的角度突出身体的重要。身体健康，是实现人生四大目标最重要的基础。帕坦伽利是《瑜伽经》的作者，也是阿育吠陀大师，又是文法师，在瑜伽、阿育吠陀和文法学这三大领域都做出了重大贡献。如果帕坦伽利重视阿育吠陀的话，显然那就是重视身体，对不对？《瑜伽经》没有突出来强调身体，是因为《瑜伽经》的目标是三摩地，他讨论不同的领域——阿育吠陀是身体的健康管理，《瑜伽经》是对"心"的管理。[1]当然，事实上，文化不是固定的，会随着时间演化延伸和扩展。我们重视身体，是现实的需求。当然，身体的健康，这是水平的维度。我们也要在垂直的维度上提升，也即是我们的觉知要提升，对自我的认知要提升。身心灵需要同步成长和丰富。如此，才能收获生命的圆满。

---

① 帕坦伽利在《瑜伽经》中指出，修习瑜伽带来健康的身体，并没有排斥身体之重要。参见帕坦伽利著，王志成译注：《〈瑜伽经〉直译精解》，成都：四川人民出版社，2019年，第3章第47节。

附录3：

# 问—答

（应VOVOS品牌公益杂志《轻热度》的采访，有删节）

**《轻热度》：**

是什么样的契机或者动力，让您从希腊哲学和西方宗教哲学的研究，转向印度学尤其是印度瑜伽哲学的研究？

**王教授：**

我的学术生涯，初期在硕士研究生阶段，从事的学术研究方向是古希腊哲学。我的导师陈村富教授，他建立了一个宗教类研究机构。我在他的指引下开始了西方宗教的研究，主要研究基督教哲学。我的博士生导师是夏基松教授。读博期间，我的学术研究对象和内容，有了转变，从基督教哲学转到了更大类的宗教哲学，涉及范围扩大到希腊哲学、西方宗教哲学，重点主要是研究西方基督教和佛教、印度教以及中国的儒家、道家等，以及各宗教、各文化之间的关系。为此，我做了很多工作。其中，一项重要工作是大量翻译了西方学界的知名学者在这些领域所做的重要的、学术前沿的著作。我们和国际学界权威、前沿的思想家们进行学术对话，以此促进、提高我国学界在此领域的国际参与度和学术话语权。

随着学术的开展，我的研究内容再次拓展，延伸到跨文化领域，思考分析研究不同文明、不同文化之间如何对话、如何处理它们之间的哲学关系。

我转向印度学尤其是印度瑜伽哲学的研究，主要有两个原因：第一是出于对瑜伽这个重要的社会现象的学术思考和回应责任。这个既是偶然性的，也是必然性的。说偶然是因为偶然关注到了"瑜伽"这个社会乃是全球流行的现象；说必然则是出于对社会中瑜伽现象的学术敏感和回应责任。第二是我个人的学术兴趣。从最初研究西方文化哲学，转换到当下的东方哲学，尤其是印度哲学，一方面是21世纪东方世界重要性的学术使然，另一方面则是出于对瑜伽如何中国化的学术思考。

**《轻热度》：**

我们都知道印度哲学流派众多、思想纷繁复杂。瑜伽哲学，在印度哲学里占据什么样的位置呢？对我们有哪些有益的启示？

**王教授：**

在印度，哲学和宗教难以分家。按照学界一般的看法，古代印度主要有六大哲学流派，分别是：弥漫差派、吠檀多派、数论派、瑜伽派、胜论派、正理派。这六派是"正统的"，因为它们都承认更为古老的吠陀传统。还有一些是"非正统的"流派，如佛教等，因为他们不承认吠陀之权威。

瑜伽哲学，在印度哲学史上，含义主要有两个，一是狭义的瑜伽哲学，它只是六派哲学中的一派，叫瑜伽派，代表经典主要是《瑜伽经》。在当代印度，已经很少人知道这个传统了。相反，当代，在西方、在中国，却有很多人知道了这个传统。这是很有意思的现象。一是广义的瑜伽哲学。广义的瑜伽哲学，也叫吠檀多派。吠檀多派是印度最大的哲学流派，它把其他学派的很多东西吸收、融合了进来。最终，印度历史上活下来的主要传统也是吠檀多这一家。现代印度主要流行的是新吠檀多哲学思想，直接传承古典的吠檀多。谈到这里，我们可以说，《瑜伽经》也属于广义瑜伽的部分。另外，广义上来说，主要的瑜伽形态包括：行动瑜伽、智慧瑜伽、虔信瑜伽、帕坦伽利瑜伽（也叫胜王瑜伽、阿斯汤加瑜伽）、哈达瑜伽等等，大概有44种之多。

下面，我们挑选几种对现代人有重大启示的瑜伽形态来讲一讲。

第一，行动瑜伽。这类瑜伽形态大家比较容易接受。我之前的博士生闻中教授，他翻译了一本书就叫《行动瑜伽》。行动瑜伽就是说，无论处境怎样，我们都要积极行动，积极履行我们自身的社会责任，但是不能执着于行动的结果。行动的结果，无论怎样，好不好，都不要执着。积极沿着目标不断努力行动。这种瑜伽具有一种积极的行动趋向，类似于我们道家哲学师祖老子所讲的用无为的心态去有为，也有些《周易》中"天行健，君子以自强不息"的味道。这一瑜伽形态，对于当下这个不确定的时代，特别有启示。

第二，智慧瑜伽。之所以需要智慧瑜伽，本质上就是我们心底里需要透过现象看到世界和生命的本质。我们生活在一个表象世界，世界的本质被各种各样的形式和东西所遮蔽，名、色、权、利，使人们看不清事物的本质，看不清事物背后的东西，更看不清生命的真正自我。在追逐名色权利的过程中，很容易就成了这些东西的奴隶，而不是它们的主人。大家赚钱，目的是用钱来为我们服务。而现在太多人成了金钱的奴隶，为了金钱，丢弃家人、朋友、生活中各种美好的事物。智慧瑜伽告诉我们，要成为这个世界存在物的主人，而不是它们的仆人。马克思也有过类似的说法，拜物教让人成为物质的奴隶，人被异化、被工具化了，人自身主人的地位消失了。智慧瑜伽就是说生命不要被颠倒，要认识到自身真正的身份。一旦明白了自己是谁，再和这个世界、和这个世界上的名色权利打交道，关系就转换了过来，生活就会向着真实的方向去发展。

第三，哈达瑜伽。这类瑜伽是当下全球流行的瑜伽形态。在古代，少数人练习，目的是觉悟自我，也就是通过身体这一桥梁，到达自由的彼岸。现代全球流行的哈达瑜伽，它的主要目的发生了很大转变。现代人练习哈达瑜伽，更多追求的是调理身心，调理身体功能，驻颜美容，提升个人魅力，提升身体的敏锐度等，满足现代人的需求，在世界人群中的传播范围最广。

**《轻热度》：**

从瑜伽哲学的研究中，您收获了什么？对您的生活有什么改变？

**王教授：**

从我个人来说，首先是安身立命。我在研究西方哲学时，没有解决哲学中的一个基本问题，即安身立命的问题。中国儒家强调安身立命。在我个人成长的道路上，研究西方文化时没有找到安身立命的地方。我也试图从中国文化如道家、儒家的传统中寻找安身立命的点，但因缘不足，我还没有真正进入道家和儒家的修持系统中。因为学术机缘的巧合，我进入了瑜伽文化、吠檀多文化和阿育吠陀文化。通过研究发现，印度文化和我们中国文化有不少相同、相通、相容之处。其次，因为瑜伽哲学，我加深了对我们中国自身文化的理解。我发现，中国道家的修持和印度瑜伽的修持是一种可以共舞的文化系统。通过瑜伽，返回来再来看我们中国的文化，我对中国文化更加热爱和自豪。

我注六经，而非六经注我。瑜伽属于从印度传来的文化内容。我们不能够停留、停滞，而应该基于中国处境，走瑜伽中国化的道路，使瑜伽更好地为我们中国人的生活服务。我们现在做的瑜伽经典的翻译和注释工作，就是一种尝试和努力。

**《轻热度》：**

现在，瑜伽文化越来越普及，越来越多的人从事瑜伽教育和学习。说说您对瑜伽老师和学员的建议。

**王教授：**

现在从事瑜伽教育和学习的人越来越多。我和瑜伽老师们分享以下几点。

1. 作为一个合格的瑜伽教练或瑜伽导师，首先应该要对瑜伽有一个整体性把握。对其思想渊源，不一定要像学者一样研究得很深入，但应该要对瑜伽的基本经典和核心思想有个了解，通晓简单的瑜伽发展历史。同时，也要对当下国际和国内的瑜伽研究的前沿有一定了解，能够知道其最新的走向。

2. 要有一个相对完整的瑜伽教学体系。在瑜伽教学中，要对自己所教的瑜伽形态有个系统的认识。

3. 保持开放的心态和圈子，形成自己的个人风格。瑜伽老师要走出去，跟优秀的瑜伽人交流分享，不要闭门造车、不要停止学习。要向不同流派中的优秀老师学习，不一定要把别人别派的全部学会，但要有所了解。另外，瑜伽教练，若要有所擅长，就要形成自己的教学风格或者个人特色。这样，通过自己擅长的部分，带动学员从一种学习状态进入到更好更高的状态，切切实实让瑜伽学员的身心通过瑜伽受益。

4. 培养自己的德行，注重自己的信用口碑。瑜伽老师特别要注重自己的德行修养，特别要重视个人的信用口碑。换句话说，要保持敬畏的心态，认真对待每一场教学、每一次与同行的分享交流。信用，在当下时代非常重要，信用好，同事愿意跟你共事，学员诚心跟你学习，同行乐于跟你交流。

要日拱一卒、持续精进。要把精进当成一种习惯。什么意思呢？瑜伽导师在教学外，也要有规则地练习和学习。瑜伽教练也要对外界环境的变化保持一种敏锐和感知。人们的生活模式，瑜伽的教学模式，瑜伽的学习模式、感受模式等，都会改变，瑜伽教练要跟得上时代的节奏和变化。微信群、视频号、腾讯空间等互联网场景教学模式，一对一、一对多等教学叠加多种线上线下教学场景越来越丰富，要找到能够发挥自己所擅长的教学模式。

我认为，当下世界的瑜伽已经到了一个全新的发展阶段，到了拐点时刻。过去30年是瑜伽发展的预备，未来30年是瑜伽的大转型，瑜伽的发展将会上升到一个新维度。

我也给正在学习或即将准备学习瑜伽的学员们分享几条建议。

第一，就近原则。在选择瑜伽馆或者瑜伽教练时，尽量就近。找到离你最近的瑜伽馆或教练，去学习瑜伽，学习体位、调息等。

第二，决定学习前，一定要充分考察瑜伽教练和瑜伽馆。一个自身充满负能量的瑜伽馆或者教练，不太合适跟从他们学习瑜伽。瑜伽馆、瑜伽教练，首先应该是充满正能量的，环境是健康的、安全的，氛围是友好的，服务是周到的。一定不要迁就。

第三，要学习一定的瑜伽文化和哲学知识。人，身、心、灵三个维度，不能单单进行体位锻炼，要有瑜伽更大、更广的维度。适当学习一些瑜伽经典，了解更大的瑜伽世界。

第四，重视个体性原则。我们每一个人，身体特质、状况不一样，男女、老少、胖瘦、体质、怕冷怕热等都有差别。在体位、呼吸乃至冥想等练习上，方法不是单一的、不是完全同样的。练习者一定首先要了解自身的身体状况，一定要根据自身身体的感受、感觉来练习，一定要根据自身的体验来决定是否强化练习。就如吃药要对症，练瑜伽也要因人而异。

第五，可以用6字方针检验瑜伽学习的效果。我送给大家检验瑜伽学习效果的6字方针就是"健康、明白、喜乐"。选对瑜伽馆了吧？选对导师了吧？选对适合自身体质的瑜伽类型了吗？选对瑜伽的生活方式了吗？都可以用这6个字来检验。如果选了一个瑜伽课，但发现练习过程不对，或者是要求太高，这时候就不能勉强，不要硬拼。如果买了课，却一直奔波在完成课程、奔波在打卡上，学到最后，心情还是不舒展，那就可能是课程安排或者教学方式不恰当。瑜伽练习，不在多而在精，不在难而在到位。

**《轻热度》：**

现代人生活压力越来越大，越来越多的人有焦虑、抑郁等消极情绪。瑜伽对心理健康有什么积极影响？

**王教授：**

这个问题非常好。如今，有焦虑、抑郁等心理问题的人群正在快速扩大化。之所以出现这种社会群体现象，一个主要原因是我们所处的这个世界和社会充满种种的不确定性。

当下社会，流动性大，压力大。许多人如浮萍一样没有生命根基，漫无目的地漂流，不知道靠什么安身立命，甚至不知道要过一种什么样的生活，不知道想要一种什么样的亲密关系，等等。这些生命的课题，需要我们每个人去深入探索、探究。生命都是独特的。在探索过程中，容易遭到挫折。不确定性的另一个现象是，这几年，大地上的自然灾害和人祸也比较多，许多人对负面的社会事件共情过度，以致升起焦虑、无奈、彷徨、虚无等负面情绪。无论国内还是国外，当下的年轻人，面临就业、事业、婚姻、城市生活的选择等种种人生的课题，对前程、对未来缺乏信心。中年人群也面临事业、家庭、育儿等问题，对未来有种种忧虑。现在有个流行词，叫"躺平"，好听点的叫"佛系"。这些都是种种不确定性、没有信心而施加、导致的压力。据研究，无论中国人，还是欧美人，抑或是中东、东南亚的人群，焦虑的人群（还有失眠的人群）数量非常庞大，而且还在增长。当今世界，百年未有之大变局正在加速演进，世界进入新的动荡变革期。在时代的巨变中，种种张力，使得人类渴望寻求转变。

有没有什么办法主动改变？并且向善向好转变呢？我的答案是肯定的，我认为，瑜伽就是一种主动寻求身心转变的方法。

瑜伽可以带来我们身心的转变。身体健康，有益于心理健康和精神健康。身体状态不对了，抗压能力就会变弱，再反馈到身体上，就容易生出各种疾病。瑜伽，通过饮食调理、体位练习、调息锻炼、静心冥想等多种方法，调理我们的身体和心理，为身体和心理增加新能量，从而带来主动向好的转变。身心健康了，就会消除压抑的心态和情绪，修复心理，减少甚至消除焦虑、抑郁等不良情绪。身心健康，就会带来积极的生命能量，通过行动瑜伽、智慧瑜伽等等，积极作为而不执于结果，明白自我的真谛，修复精神，生命就会生发出积极的生机和活力，就可以更加从容地应对这个不确定的世界。

**《轻热度》：**

许多小白单纯想要学习瑜伽来修身养性，您有什么建议？

**王教授：**

对于瑜伽小白，在对瑜伽还没有一个基本了解的情况下，可以从学习最简单的瑜伽体位法开始，逐渐进入瑜伽的世界。同时，建议小白，去网上平台或线下书店看看，寻找那种有眼缘的好书，学习一点瑜伽经典，如《瑜伽经》《哈达瑜伽之光》《格兰达本集》等等，读一读，对瑜伽是什么、对哈达瑜伽是什么等有些基本的了解，这样也有助于选择教练、瑜伽馆。选对一本书，可能就选对了教练、选对了一条路，就打开了一条通过瑜伽使得生命向上的道路，人生也可能因此发生正向的变革，身体和心灵向良善的方向转变。一旦涟漪出现了，就会荡漾开来，就会形成身心内在的重组。

# 参考文献

## 中文部分

1. 罗摩南达·普拉萨德英译，王志成、灵海汉译：《奥义书》，北京：商务印书馆，2023年。

2. 毗耶娑著，罗摩南达·普拉萨德英译并注释，王志成、灵海汉译：《薄伽梵歌》（注释本），成都：四川人民出版社，2015年。

3. 斯瓦米·阿迪斯瓦阿南达著，王志成、梁燕敏、周晓微译：《冥想的力量》（第二版），杭州：浙江大学出版社，2015年。

4. 商羯罗著，王志成、曹政译注，陈涛校：《智慧瑜伽之光：商羯罗的〈分辨宝鬘〉》，北京：商务印书馆，2022年。

5. 斯瓦米·帕拉伯瓦南达、克里斯多夫·伊舍伍德著，王志成、杨柳译：《瑜伽经》，北京：商务印书馆，2022年。

6. 斯瓦特玛拉摩著，G. S. 萨海、苏尼尔·夏尔马英译并注释，王志成、灵海译：《哈达瑜伽之光》（增订版），成都：四川人民出版社，2018年。

7. 室利·维迪安拉涅·斯瓦米著，斯瓦米·斯瓦哈南达英译，王志成汉译并释论：《瑜伽喜乐之光——〈潘查达西〉之"喜乐篇"》，成都：四川人民出版社，2015年。

8. 王志成著：《瑜伽之海》（第二版），成都：四川人民出版社，2016年。

9. 王志成著：《瑜伽是一场冒险》，成都：四川人民出版社，2017年。

10. 帕坦伽利著，王志成译注：《〈瑜伽经〉直译精解》，成都：四川人民出版社，2019年。

11. 王志成编著：《阿育吠陀瑜伽》（第二版），成都：四川人民出版社，2022年。

12. 王志成编著，乌小鱼绘画：《调息法70种》，成都：四川人民出版社，2022年。

13. 王志成编著：《健康的身体 有趣的灵魂》（第二版），成都：四川人民出版社，2022年。

14. 王志成演讲，王东旭整理，乌小鱼绘画：《喜乐瑜伽》，成都：四川人民出版社，2015年。

15. 王志成译释：《直抵瑜伽圣境——〈八曲仙人之歌〉义疏》，北京：商务印书馆，2017年。

16. 蚁垤著，斯瓦米·维卡特萨南达英译，王志成、灵海汉译：《至上瑜伽——瓦希斯塔瑜伽》（第二版），杭州：浙江大学出版社，2016年。

## 英文部分

1. Arewa, Caroline Shola. *Way of Chakras*, London: Thorsons, 2001.

2. Bharati, Swami Veda. *Yoga Sutras of Patanjali with the Exposition of Vyasa* (vol 2.), Delhi: Motilal Banarsidass Publishers, 2009 (2001).

3. Bryant, Edwin F.. *The Yoga Sutras of Patanjali with Insights from the Traditional Commentators*, New York: North Point Press, 2009.

4. Carrera,Reverend Jaganath. *Inside the Yoga Sutras*, Virginia: Integral Yoga Publications, 2006.

5. Feuerstein, George. *Yoga Tradition*, Prescott: Hohm Press, 2008.

6. Frawley, David. *Ayurveda and the Mind*, Twin Lakes: Lotus Press, 1997.

7. Frawley, David. *Yoga and Ayurveda*, Twin Lakes: Lotus Press, 1999.

8. Jayaraman, M.. *Yoga Yajnavalkya Samhita*, Chennai: Krishnamacharya Yoga Mandiram, 2015.

9. Lad, Vasant. *Ayurveda: The Science of Self Healing: A Practical Guide*, Twin Lakes: Lotus Press, 1985.

10. Michael, Langford. *The Most Direct Means to Eternal Bliss*, The Freedom Religion Press, 2008.

11. Nikhilananda, Swami. *The Upanishads* (vol. 1), New York: Ramakrishna Vivekananda Center, 6th edition, 2003.

12. Nikhilananda, Swami. *The Upanishads* (vol. 2), New York: Ramakrishna Vivekananda Center, 4th edition, 2004.

13. Nikhilananda, Swami. *The Upanishads* (vol. 3), New York: Ramakrishna Vivekananda Center, 3rd edition, 1990.

14. Nikhilananda, Swami. *The Upanishads* (vol. 4), New York: Ramakrishna Vivekananda Center, 3rd edition, 1994.

15. Saraswati, Swami Satyananda. *Four Chapters on Freedom: Commentary on the Yoga Sutras of Sage Patanjali*, Bihar: Yoga Publications Trust, 1976.

16. Sivananda, Swami. *Japa Yoga*, Himalayas: The Divine Life Society, 2005.

17. Virupakshananda, Swami(trans.). *Samkhya Karika of Isvara Krsna*, Chennai: Ramakrishna Math, 2012.

18. Vivekananda, Swami. *The Complete Works of Swami Vivekananda* (vol. 1), Kolkata: Advaita Ahrama, 2002.

# 后　记

有机会撰写一部简明的《瑜伽哲学》，这是我的荣幸。这本小书的顺利完成要感谢许多看不见的圣者和看得见的圣者，感谢我生命中获得的诸多无缘的"恩典"，这些"恩典"滋养我，让我有信心、有能力完成了这一任务。

这本书的核心思想是：瑜伽哲学本质上就是生命身心灵管理和实践的哲学。在这本小书中，我尝试从生命管理角度出发，整体性论述这样一种瑜伽的哲学。对生命的不同维度，做哲学的探究。如果认真阅读这部作品，我想读者们一定可以从外到内、从身体到心灵获得一种对生命为何的认知，以及通过瑜伽而来的生命自我管理哲学之实践。

在这本书中，理论的探讨和实践的运用是统一的。因此，读者可在瑜伽哲学的理论上获得满足，也可在身体的实践上得到指导。我自己完成这本书，也得到了极大的满足和滋养。书中的不少内容几乎是"自动书写"出来的。

需要特别说明的是，本书的第三篇，其主要内容已在我的

《阿育吠陀瑜伽》中有过论述。这里，为了保持"瑜伽哲学"的完整性，我依然放入本书中。但是，借用它们的角度不太一样了。这是需要向读者们特别说明的。

本书的顺利完成，要感谢苏磨教育的菊三宝、刘韦彤、施红、爱琳等同人。更要感谢苏磨教育的广大学员们，他们的关心、他们提出的问题，对于我思考瑜伽的哲学特别有益。正是他们的默默支持，才使得我能够圆满完成本书。还要感谢周昀洛为传播瑜伽书籍所做的种种努力，感谢她对本书最初设想的建议。

书稿完成后，灵海博士提了不少建议，做了不少修订，在此特别感谢她的无私奉献，她行动瑜伽的实践，为本书增益不少。感谢浙江大学和浙江大学城市学院给予我的宽松、自由的研究环境和条件，让我有机会顺利完成写作。感谢四川人民出版社何朝霞女士对这部作品的关心，她认为这是一本很及时的书，相信也是非常有价值的著作。还要特别感谢她一直以来对"瑜伽文库"这一品牌工作所付出的艰辛和巨大努力。感谢四川人民出版社对"瑜伽文库"出版一如既往的支持。

王志成

浙江大学哲学学院教授

浙江大学城市学院讲座教授

2023年2月9日